新世界少年文库

未来少年

FOR FUTURE YOUTHS

运动美与极限

小多（北京）文化传媒有限公司 编著

新世界出版社
NEW WORLD PRESS

图书在版编目（C I P）数据

运动美与极限 / 小多（北京）文化传媒有限公司编
著 . -- 北京 : 新世界出版社 , 2022.2
（新世界少年文库 . 未来少年）
ISBN 978-7-5104-7374-6

Ⅰ . ①运… Ⅱ . ①小… Ⅲ . ①运动生理学 – 少年读物
Ⅳ . ① G804.2-49

中国版本图书馆 CIP 数据核字 (2021) 第 236403 号

新世界少年文库 · 未来少年
运动美与极限 YUNDONG MEI YU JIXIAN
小多（北京）文化传媒有限公司 编著

责任编辑：王峻峰
特约编辑：阮　健　刘　路
封面设计：贺玉婷　申永冬
版式设计：申永冬
责任印制：王宝根
出　　版：新世界出版社
网　　址：http://www.nwp.com.cn
社　　址：北京西城区百万庄大街 24 号（100037）
发 行 部：（010）6899 5968（电话）　（010）6899 0635（电话）
总 编 室：（010）6899 5424（电话）　（010）6832 6679（传真）
版 权 部：+8610 6899 6306（电话）　nwpcd@sina.com（电邮）
印　　刷：小森印刷（北京）有限公司
经　　销：新华书店
开　　本：710mm × 1000mm　1/16　尺寸：170mm × 240mm
字　　数：113 千字　　印张：6.25
版　　次：2022 年 2 月第 1 版　2022 年 2 月第 1 次印刷
书　　号：ISBN 978-7-5104-7374-6
定　　价：36.00 元

编委会

序一

阅读优秀的科普著作是愉快且有益的

目前，面向青少年读者的科普图书已经出版得很多了，走进书店，形形色色、印制精良的各类科普图书在形式上带给人们眼花缭乱的感觉。然而，其中有许多在传播的有效性，或者说在被读者接受的程度上并不尽如人意。造成此状况的原因有许多，如选题雷同、缺少新意、宣传推广不力，而最主要的原因在于图书内容：或是过于学术化，或是远离人们的日常生活，或是过于低估了青少年读者的接受能力而显得“幼稚”，或是仅以拼凑的方式“炒冷饭”而缺少原创性，如此等等。

在这样的局面下，这套“新世界少年文库・未来少年”系列丛书的问世，确实带给人耳目一新的感觉。

首先，从选题上看，这套丛书的内容既涉及一些当下的热点主题，也涉及科学前沿进展，还有与日常生活相关的内容。例如，深得青少年喜爱和追捧的恐龙，与科技发展前沿的研究密切相关的太空移民、智能生活、视觉与虚拟世界、纳米，立足于经典话题又结合前沿发展的飞行、对宇宙的认识，与人们的健康密切相关的食物安全，以及结合了多学科内容的运动（涉及生理学、力学和科技装备）、人类往何处去（涉及基因、衰老和人工智能）等主题。这种有点有面的组合性的选题，使得这套丛书可以满足青少年读者的多种兴趣要求。

其次，这套丛书对各不同主题在内容上的叙述形式十分丰富。不同于那些只专注于经典知识或前沿动向的科普读物，以及过于侧重科学技术与社会的关系的科普读物，这套丛书除了对具体知识进行生动介绍之外，还尽可能地引入了与主题相关的科学史的内容，其中有生动的科学家的故事，以及他们曲折探索的历程和对人们认识相关问题的贡献。当然，对科学发展前沿的介绍，以及对未来发展及可能性的展望，是此套丛书的重点内容。与此同时，书中也有对现实中存在的问题的分析，并纠正了一些广泛流传的错误观点，这些内容将对读者日常的行为产生积极影响，带来某些生活方式的改变。在丛书中的几册里，作者还穿插介绍了一些可以让青少年读者自己去动手做的小实验，这种方式可以令读者改变那种只是从理论到理论、从知识到知识的学习习惯，并加深他们对有关问题的理解，也影响到他们对于作为科学之基础的观察和实验的重要性的感受。尤其是，这套丛书既保持了科学的态度，又体现出了某种人文的立场，在必要的部分，也会谈及对科技在过去、当下和未来的应用中带来的或可能带来的负面作用的忧虑，这种对科学技术“双刃剑”效应的伦理思考的涉及，也正是当下许多科普作品所缺少的。

最后，这套丛书的语言非常生动。语言是与青少年读者的阅读感受关系最为密切的。这套丛书的内容在很大程度上是以青少年所喜闻乐见的风格进行讲述的，并结合大量生动的现实事例进行说明，拉近了作者与读者的距离，很有亲和力和可读性。

总之，我认为这套“新世界少年文库·未来少年”系列丛书是当下科普图书中的精品，相信会有众多青少年读者在愉悦的阅读中有所收获。

刘　兵

2021 年 9 月 10 日于清华大学荷清苑

序二

在未来面前，永远像个少年

当这套“新世界少年文库 · 未来少年”丛书摆在面前的时候，我又想起许多许多年以前，在一座叫贵池的小城的新华书店里，看到《小灵通漫游未来》这本书时的情景。

那是绚丽的未来假叶永烈老师之手给我写的一封信，也是一个小县城的一年级小学生与未来的第一次碰撞。

彼时的未来早已被后来的一次次未来所覆盖，层层叠加，仿佛一座经历着各个朝代塑形的壮丽古城。如今我们站在这座古老城池的最高台，眺望即将到来的未来，我们的心情还会像年少时那么激动和兴奋吗？内中的百感交集，恐怕三言两语很难说清。但可以确知的是，由于当下科技发展的速度如此飞快，未来将更加难以预测。

科普正好在此时显示出它前所未有的价值。我们可能无法告诉孩子们一个明确的答案，但可以教给他们一种思维的方法；我们可能无法告诉孩子们一个确定的结果，但可以指给他们一些大致的方向……

百年未有之大变局就在眼前，而变幻莫测的科技是大变局中一个重要的推手。人类命运共同体的构建，是一项系统工程，人类知识共同体自然是其中的应有之义。

让人类知识共同体为中国孩子造福，让世界的科普工作者为中国孩子写作，这正是小多传媒的淳朴初心，也是其壮志雄心。从诞生的那一天起，这家独树一帜的科普出版机构就努力去做，而且已经由一本接一本的《少年时》做到了！每本一个主题，紧扣时代、直探前沿；作者来自多国，功底深厚、热爱科普；文章体裁多样，架构合理、干货满满；装帧配图精良，趣味盎然、美感丛生。

这套丛书，便是精选十个前沿科技主题，利用《少年时》所积累的海量素材，结合当前研究和发展状况，用心编撰而成的。既是什锦巧克力，又是鲜榨果汁，可谓丰富又新鲜，质量大有保证。

当初我在和小多传媒的团队讨论选题时，大家都希望能增加科普的宽度和厚度，将系列图书定位为倡导青少年融合性全科素养（含科学思维和人文素养）的大型启蒙丛书，带给读者人类知识领域最活跃的尖端科技发展和新锐人文思想，力求让青少年“阅读一本好书，熟悉一门新知，爱上一种职业，成就一个未来”。

未来的职业竞争几乎可以用“惨烈”来形容，很多工作岗位将被人工智能取代或淘汰。与其满腹焦虑、患得患失，不如保持定力、深植根基。如何才能在竞争中立于不败之地呢？还是必须在全科素养上面下功夫，既习科学之广博，又得人文之深雅——这才是真正的“博雅”、真正的“强基”。

刚刚过去的 2021 年，恰好是杨振宁 99 岁、李政道 95 岁华诞。这两位华裔科学大师同样都是酷爱阅读、文理兼修，科学思维和人文素养比翼齐飞。以李政道先生为例，他自幼酷爱读书，整天手不释卷，连上卫生间都带着书看，有时手纸没带，书却从未忘带。抗日战争时期，他辗转到大西南求学，一路上把衣服丢得精光，但书却一本未丢，反而越来越多。李政道先生晚年在各地演讲时，特别爱引用杜甫《曲江二首》中的名句：“细推物理须行乐，何用浮名绊此身。”因为它精准地描绘了科学家精神的唯美意境。

很多人小学之后就已经不再相信世上有神仙妖怪了，更多的人初中之后就对未来不再那么着迷了。如果说前者的变化是对现实了解的不断深入，那么后者的变化则是一种巨大的遗憾。只有那些在未来之谜面前，摆脱了功利心，以纯粹的好奇，尽情享受博雅之趣和细推之乐的人，才能攀登科学的高峰，看到别人难以领略的风景。他们永远能够保持少年心，任何时候都是他们的少年时。

莫幼群

2021 年 12 月 16 日

年轻运动员用健身器材训练

本书图片来源：
Shutterstock；Wikimedia；Ghent University；
作者提供；Nature；Med Sci Sports Exerc；
Journal of Experimental Biology；olympic.org；
runnersworld.com；新浪体育；Deseret News；
real-world-physics-problems.com；Journal of Biomechanics；
Elhasairi & Pechev；OptiTrack；Hilde Latour；
ncbi.nlm.nih.gov；jeb.biologists.org；Ottobock；
Top End；teamusa.org
我们已经竭尽全力寻找图片和形象的所有权

第1章

[人体运动的生理条件]

- 你的运动能力怎么样?
- 解剖运动
- 肌电荡漾
- 人体的“马达”
- 细数骨骼

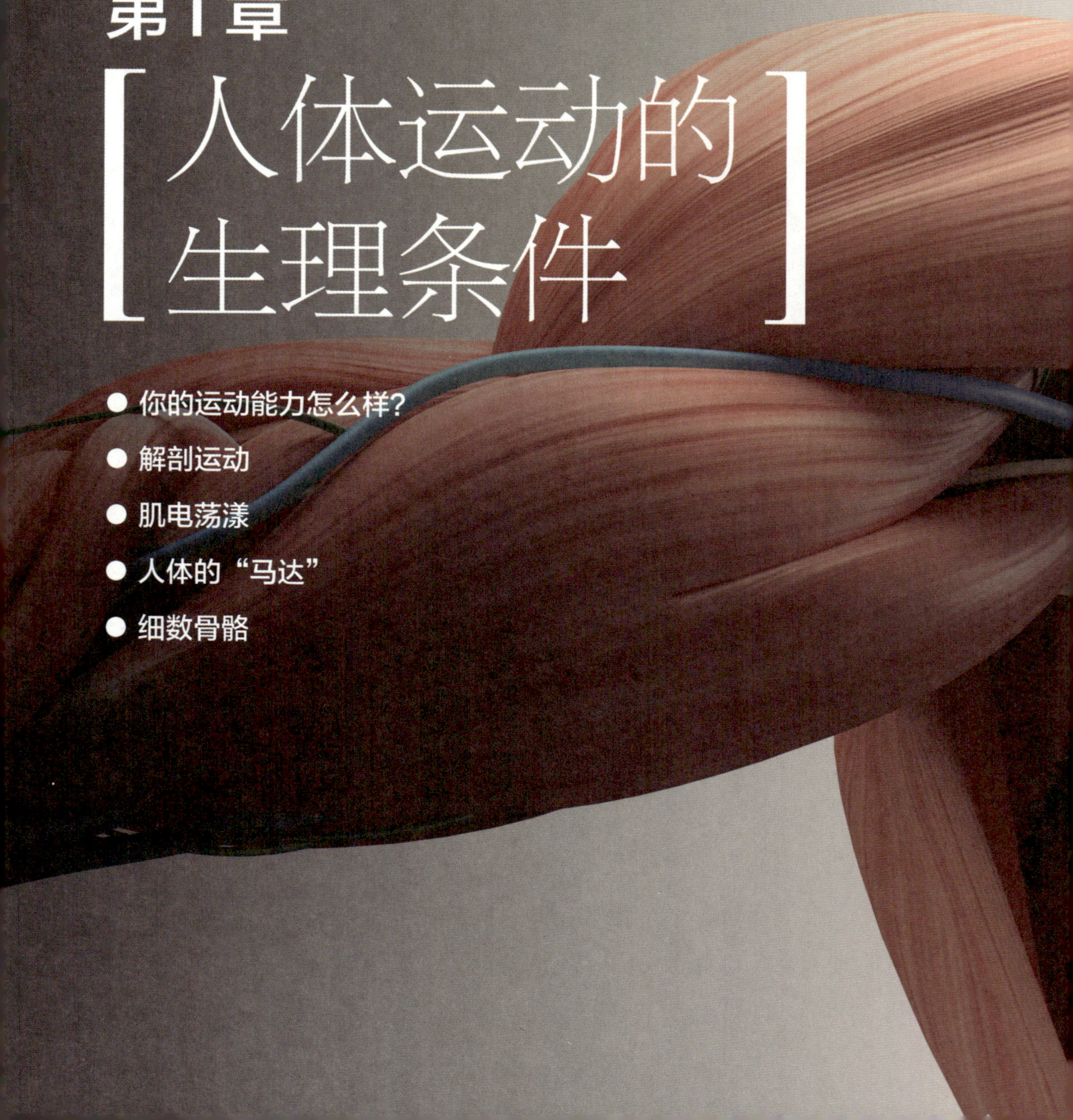

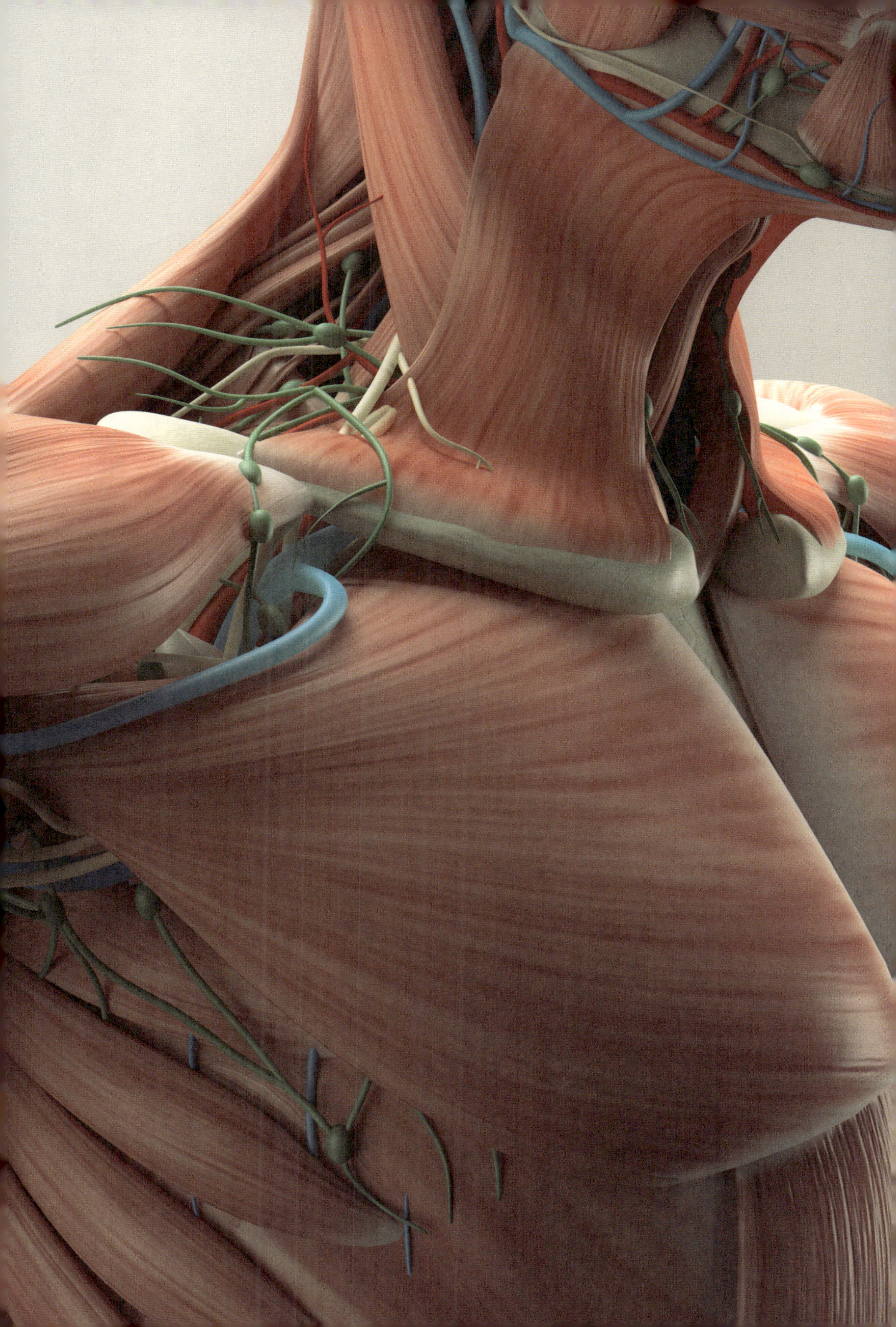

你的运动能力怎么样？

“你的运动能力怎么样？有些事情你需要考虑一下。不要因为同龄的孩子在某些运动上比你强而放弃那些运动，也不要因为教练只关注学校里那些最好的运动员而灰心丧气。为什么呢？”

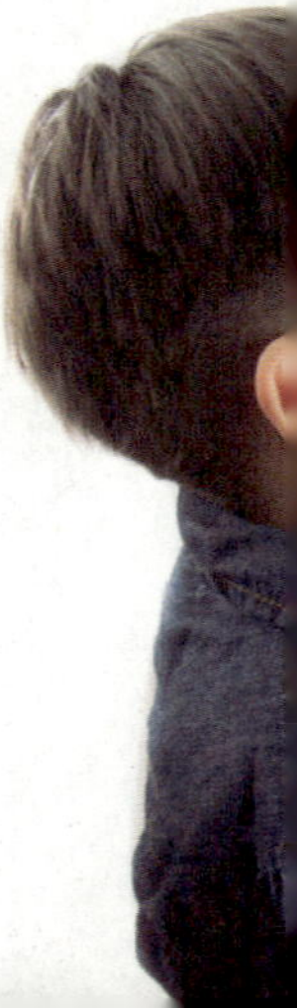

早熟 vs. 晚熟

每个人的身体成熟的速度是不一样的。那些“天生的”幼年运动员可能只是因为他们的骨骼和肌肉发育得比你早，提前成熟的身体使他们的力量和速度远远超过了那些发育晚的同龄人。块头不大的你，如果喜欢什么运动，并坚持下来，那么随着你的身体变强壮、长得更高，最终，你可能会和那些优秀的运动员有得一拼。

这是尼尔·阿姆斯特朗（Neil Armstrong）博士进行的一项关于青年运动员的研究中一个很重要的结论。阿姆斯特朗是英国埃克塞特大学儿童健康与锻炼研究中心的联合负责人。他的关于青年运动员不同身体成熟速率所致影响的研究成果已在2013年的《身体活动、运动和锻炼》杂志上发表。

阿姆斯特朗为青年运动员的体型和身体发育阶段如何影响运动成绩提供了新的观点。下面是一些例子。

一般说来，在多数运动中的优秀青年女性运动员（例如排球、划船、游泳和网球运动员）从儿童期到青春

期都比大多数的同龄人要高。与之相反，体操和花样滑冰运动员比大多数同龄人矮。但是在青春期后的某个时间，那些发育较晚的女孩的身高最终会追上来。

对篮球感兴趣？女孩的快速发育期是 11.3~12.2 岁，男孩的快速发育期一般在 13.4~14.4 岁。如果到了那个年龄你还没觉得身体在快速发育，那么耐心等待就好了。

青春期体型的变化给那些早熟的男孩带来很大优势。早熟的男孩获益于无氧产能所需的一种肌酶的增加，通常比那些晚熟的同龄男孩长得更高、更重，有更高的体重-体型比，而且肩膀也更宽。（高体重-体型比指的是肌肉多，脂肪少。）结果就是更成熟的男孩身体一般更强壮。此外，即便是很小的肩宽差异也会让上身的肌肉显著不同。上身肌肉的增加加上长的手臂所增加的杠杆优势，使得他们在投掷、球拍类运动和划船运动上的优势显著增加。

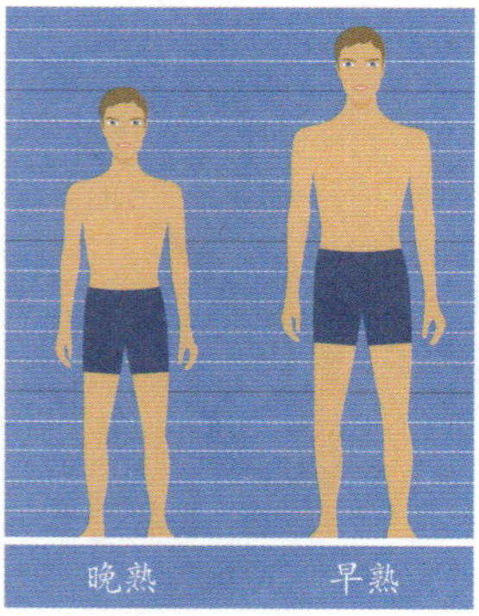

所以，要记住：你的身体发育迟早会追上那些校队的人。同时，完善你所喜欢的运动技能并且坚持训练，不断努力，没准有一天你就能入了某个奥运会教练的法眼呢。优秀的体操和游泳运动员通常在十几岁时，每周就训练将近 30 小时了。

天才还是傻瓜

运动选手一般不会用任何科学分析来评价他们朋友的技能。“天哪，他可真笨”，或者“你真是一个天生

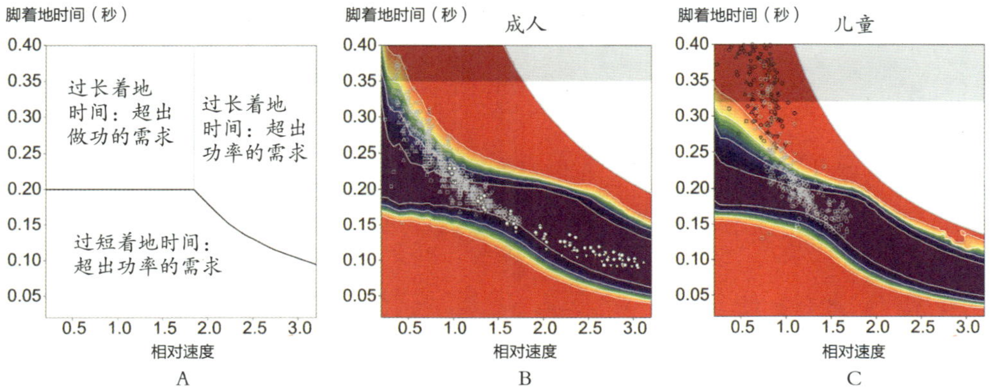

A 图中的黑线显示了让人能够跑起来时最短的脚着地时间
B 图显示的是成人跑步时速度和着地时间的对应关系。紫色区域显示了比较理想的跑步状态，落在这个区域里的速度和相对应的着地时间让人能够有效地跑步，也就是说跑步时所需要的能量基本在激活肌肉所能供给的范围内。紫色区域中灰色的点和白色的点分别是大学生和比较优秀的短跑运动员的实测数据
C 图中的点则显示了儿童跑步时的实测数据。可以看到黑点已经进入红色区域，这表示儿童需要更长的着地时间才能跑得稳

的前锋”。这是真的，所有的小孩都曾经笨拙地跑过。

看着小女儿两腿僵硬、歪歪斜斜地跑着，英国皇家兽医学院的研究员吉姆·厄舍伍德（Jim Usherwood）陷入了思考。为什么这些小孩跑起来这么不稳？厄舍伍德在皇家兽医学院的结构与运动实验室工作。他将研究重点放在人类走路和奔跑时承重骨骼和肌肉如何协调工作上。

为了回答这个问题，厄舍伍德仔细分析了他的女儿和其他孩子用不同速度行走或者奔跑的状况。他的发现不仅解释了为什么小孩子行动起来会那么笨拙，还阐述了那些像亨特一样优秀的田径运动员为什么可以跑得那么快。

人在跑步时需要做功，做功所需的这部分能量需要通过肌肉收缩产生。这就意味着，当做相同的功时，如果脚在地面停留的时间短，功率就会大，即需要更强的爆发力、更多的肌肉收缩。另一方面，从提高跑步速度的角度来看，当一个人向前跑时，理想的情况是脚在地面停留的时间越短越好，因为着地会减缓速度。但是脚在地面停留的时间短，小孩子没有办法产生足够的能量以供跑步所需，所以，“当你看一个三岁的孩子跑步的时候就会发现这一点。他们大多数时间都是双脚着地。”厄舍伍德解释他的研究时这样说，“而成年人具有足够的肌肉爆发力，当一个成年人奔跑的时候，他可以根据跑步速度的需要，调整最佳的着地时间。”

一个标准的高中生，无论男生还是女生，在体育课上跑步，会把步速设置为需要腿部肌肉每秒钟约收缩 0.2 次。事实上，这是多数没受过训

练的成年人的跑步速度。科学家已经明确了按每秒钟收缩 0.2 次这样的步速，机体就可以奔跑并且将生理消耗降到最低。基本上这个人跑步时与地面的接触时间刚好足以让腿部肌肉产生足够的能量来在每一个步幅中达到腾空。（你想的肯定是跑到这个速度已经上气不接下气了。）

你我还有绝大多数的人都不能追上一个像亨特那样优秀的跑步运动员。他如果用我们这样的速度跑步恐怕会在跑道上睡着。职业跑步运动员经过训练，脚与地面接触的时间会尽可能短。但是他们付出的代价是生理上的消耗，随着跑步运动员与地面接触时间的缩短，肌肉做功的功率就要增加，以保证产生足够多的能量来达到每步都腾空。这就需要有更多的肌纤维参与收缩和爆发，保证能产生足够的能量。

这样的努力是有回报的。亨特的回报是在美国高中跑步选手的纪录中占有一席之地。如果坚持训练，那么有一天他有可能参加夏季奥运会。

“天生的”运动员？

那些在体育场或者游泳池都超过一般人的同学会不会是“天生的”运动员？研究者一直在寻找这些表现超常的优秀的运动员可能存在的特殊基因。现在已经发现了一个有意思的可能性，这甚至可能是臧一泽获得短道速滑金牌的重要原因。

波兰大学的鲍威尔·希茨克（Pawel Cieszczyk）博士和同事

最近发现一种特殊的基因和力量型运动的出色表现之间存在一定关联。西班牙的研究者也有类似的发现。

研究者分析了两组优秀的波兰运动员的DNA（脱氧核糖核酸）。第一组包括重量级举重运动员、短跑运动员和跳高运动员。长跑运动员、游泳运动员和划船运动员则被分在第二组。DNA分析也同样在非运动员中进行，他们作为对照组。

分析显示，血管紧张素原基因（缩写为*AGT*）在力量型运动员中的表达明显高于耐力型运动员和非运动员。这种“强力”*AGT*在优秀的力量型运动员中出现的概率为40%，在耐力型运动员中出现的概率为13%，在非运动员中为18%。

这种“强力”*AGT*的增加可以使运动员在力量型运动中有更好的成绩，这个现象的原因至今还是未知的。这个基因调控合成一种称为“血管紧张素原”的蛋白质。这种蛋白质是调节血压和平衡机体细胞内液体和盐类平衡系统的一部分。可能的原因是这种蛋白质增加了每个肌细胞快速产能的能力——这是力量型运动的特点。

如果*AGT*能够帮助运动员增加力量，这样的研究会不会处于一种伦理上的尴尬局面？

希茨克发表研究时说：“识别与运动表现相关的基因，可能会在判别运动天赋上起决定作用，并且会让运动训练有更强的针对性。”

你认为孩子应该检测是否具有“运动”基因吗？

至少，这样的做法可能会使孩子不愿意尝试广泛的运动项目。更糟的是，这会把那些被认为“不适合”的孩子彻底排除在运动之外。如果这些孩子只是想玩玩呢？因此，是否检测“运动”基因应慎重。

解剖运动

足球场上，观众的呐喊声一浪高过一浪。你带着球，晃过一名防守队员，来到球门前，发现一个无人防守的好机会，你决定踢出这关键的临门一脚。

观众看到的是，你果断地向后摆腿、外旋髋关节，摆出射门姿势，接着迅速向前摆动大腿、小腿，踢出了一记漂亮的抽射。然而，观众看不到的是，此时腿部的主要肌群正在发生强烈的放电现象，正是这些肌肉被激活，产生收缩，才牵引着你的腿和脚，完成射门动作。

解剖运动的动力源

参与射门动作的这些肌肉都属于骨骼肌，骨骼肌与骨、关节一起构成了人体的运动系统。在神经系统的调控下，骨骼肌收缩，牵引着骨围绕关节运动，因此，骨骼肌可谓是人体运动的动力源。

如果仔细观察运动员发达的肌肉，会发现肌肉是一束一束的，这是因为骨骼肌由一根根长柱型的肌纤维（或叫肌细胞）所构成。这些肌纤维整齐地排列在一起，外面再包上一层膜，就像用保鲜膜将一把整齐排列的筷子包成一捆一样，从而形成肌束。用相似的方法把肌束聚集在一起就形成骨骼肌。肌腱像有韧性、有弹性的带子，将骨骼肌的两端与骨相连，当骨骼肌收缩时，骨就会随之被牵拉运动。

肌肉中的“生化马达”

那么，问题来了，“包成一捆的筷子”为什么会收缩呢？

要回答这个问题，我们首先需要把肌纤维这根“筷子”放大。如果把肌纤维放到显微镜下观察，就会发现

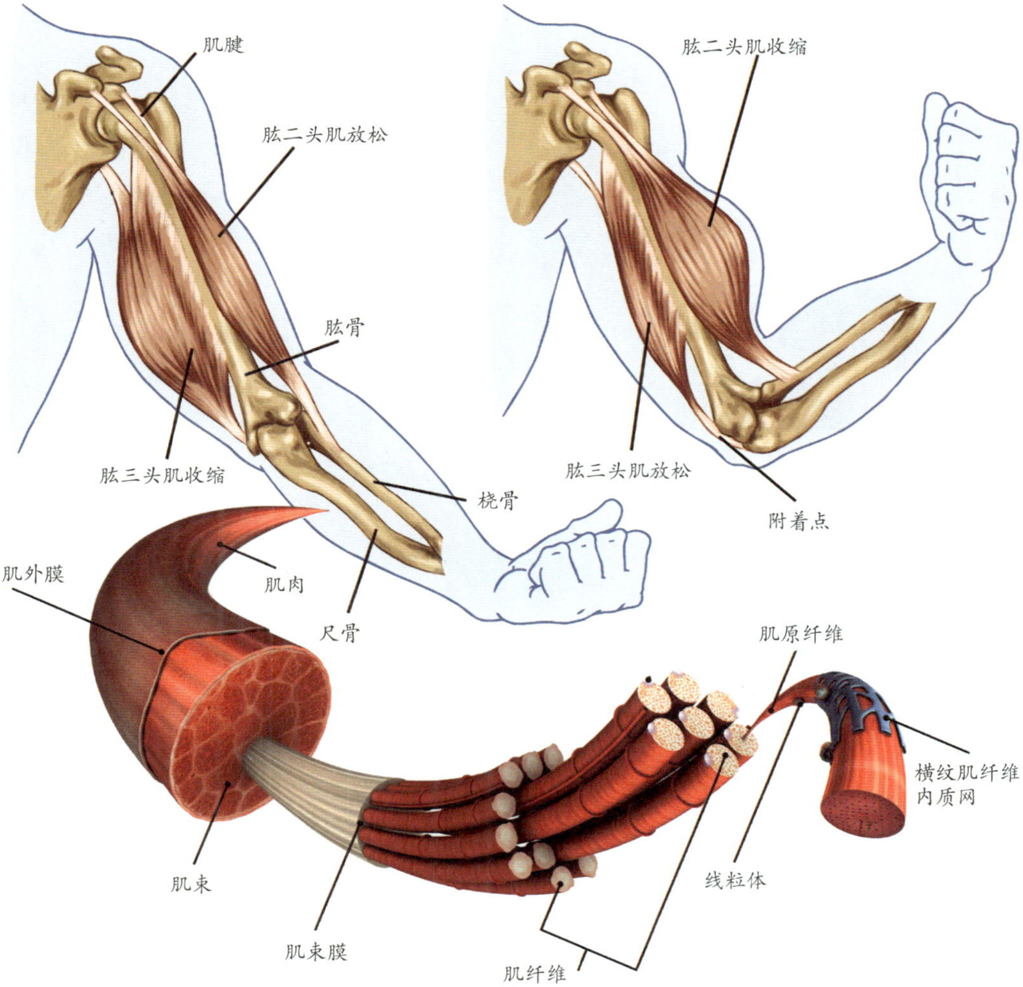

肌细胞内有许多与细胞长轴平行排布的肌原纤维，这些肌原纤维呈现明暗相间的纹理，分为明带和暗带，明带主要由细肌丝组成，暗带主要由粗肌丝组成。在明带中部有一条与肌原纤维垂直的 Z 线，相邻两条 Z 线之间称为一个肌小节。在暗带的中央有稍稍发亮的部分称 H 带，在 H 带中央的黑线称 M 线

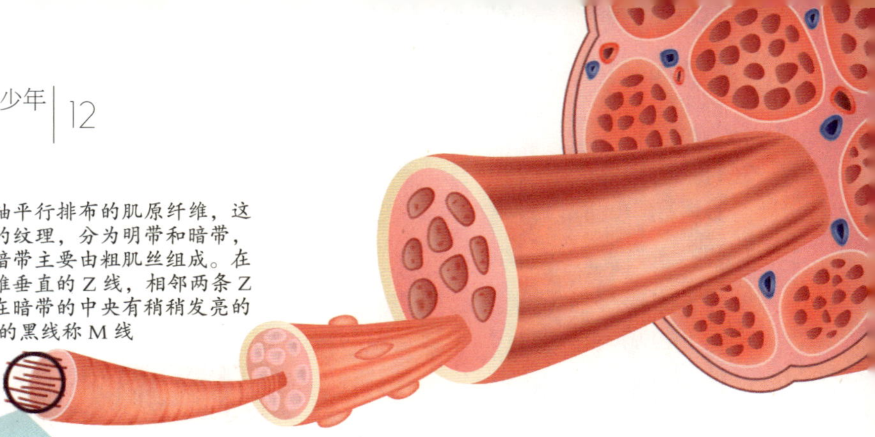

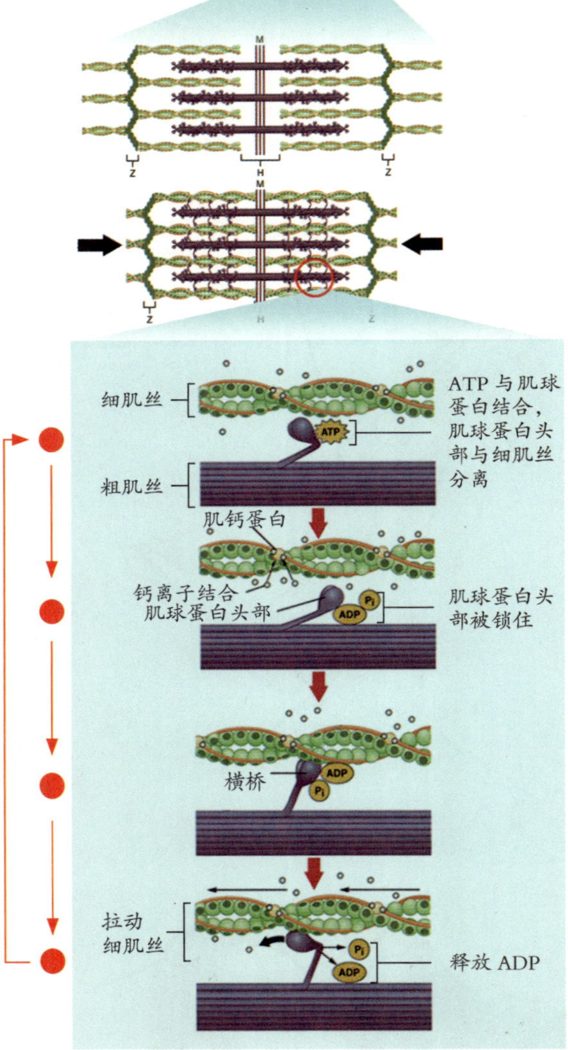

肌纤维包括肌球蛋白所组成的粗肌丝（紫色纤维）和肌动蛋白所组成的细肌丝（绿色纤维）。粗肌丝上伸出的横桥（紫色球状圆头）与细肌丝相连，在钙离子和 ATP 水解的帮助下，横桥拉动细肌丝滑动，从而完成肌肉收缩

肌纤维里也有一束一束的纤维，而且有粗有细。这些粗细不同的纤维并不是紧密排列在一起的，粗纤维（粗肌丝）和细纤维（细肌丝）之间存在空隙。在空隙里，每隔一段距离，粗肌丝上就会伸出一个圆圆的球，像一个小脑袋一样靠在细肌丝上。这个结构叫作“横桥”，它就是肌肉收缩中的“小马达”。“小马达”和肌纤维里的生物大分子“小伙伴”们默契配合，就能实现骨骼肌的收缩。

这群“小伙伴”是如何分工合作的呢？首先出马的是一个能够变“魔法”的“小伙伴”——ATP，它通过水解反应从自己身上脱掉一件“衣服”，同时释放出能量。这部分能量可以储存在横桥，供骨骼肌收缩使用。当骨骼肌里钙离子的浓度增加时，又一个“小伙伴”——肌钙蛋白就出来

ATP，又叫腺苷三磷酸，是由腺苷和三个磷酸基团组成的核苷酸，是细胞的直接能源物质。ATP 水解是指 ATP 在酶的作用下，脱去一个磷酸基团并释放出大量能量，生成 ADP（腺苷二磷酸）。

帮忙，它会和钙离子结合，帮助横桥紧紧地与细肌丝连在一起。此时，横桥开始消耗之前储存的能量，拉动细肌丝滑动，骨骼肌因此发生收缩。肌细胞中这群“小伙伴”在完成这样一次拉动之后，需要稍作休整，此时横桥会和ATP结合，放开细肌丝。随后，如果细胞中钙离子的浓度还是很高，ATP就会再一次开始变它擅长的“魔法”，帮助下一轮骨骼肌收缩。

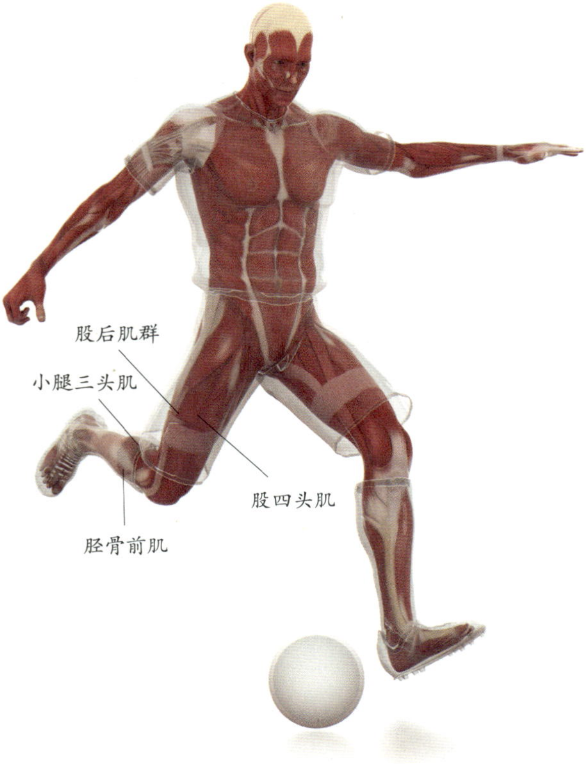

射门动作的肌肉—骨骼过程

了解了肌肉收缩的原理，我们一起来看看，在足球比赛中，运动员是怎样调动身体的肌肉完成射门动作的。

我们把目光集中到运动员射门的腿上。当运动员射门时，最先发生收缩的是股后肌群、股四头肌和小腿三头肌，它们分别决定了髋关节的后拉伸、膝关节的弯曲和足关节的弯曲程度，肌肉的这一系列协同动作牵引着射门的腿离开地面，开始后撤。

随后，这条腿需要进一步向后伸展，此时大腿里发挥作用的肌肉主要是股后肌群中的股二头肌和半腱肌。

完成向后伸展后，这条腿又进入了前摆阶段，股四头肌收缩使大腿前屈，此时股二头肌也收缩，主要起控制作用。

当射门的脚接近足球时，运动员选用的击球方式决定了此时参与动作的主要肌群。如果用脚背内侧或脚内侧踢球，就需要股二头肌参与，股二头肌的收缩使大腿减速并固定膝关节屈伸肌群，使运动员可以更好地控制膝关节角度；如果用脚内侧或脚背外侧踢球，则需要胫骨前肌发挥作用——胫骨前肌能在伸踝和脚内翻时帮助运动员形成稳定的脚型；如果想用脚背正面或脚背外侧踢球，腓肠肌的作用不可忽视——腓肠肌能使足关节形成最大的屈曲，同时能够增加踝关节的稳定性，从而使射门更有力。

肌电荡漾

在观看网球比赛的时候，你有没有想过运动员的反应速度为什么这么快？他们要对速度超过 200 千米 / 时的球做出反应！回答这个问题首先需要考虑网球运动员的大脑对于即将到来的球反应有多快，其次是大脑生成的电化学信号通过神经向手、脚、眼睛以及身体其他部位的肌肉的传递速度又有多快。这是运动员对高速运动的目标做出反应的整个过程。

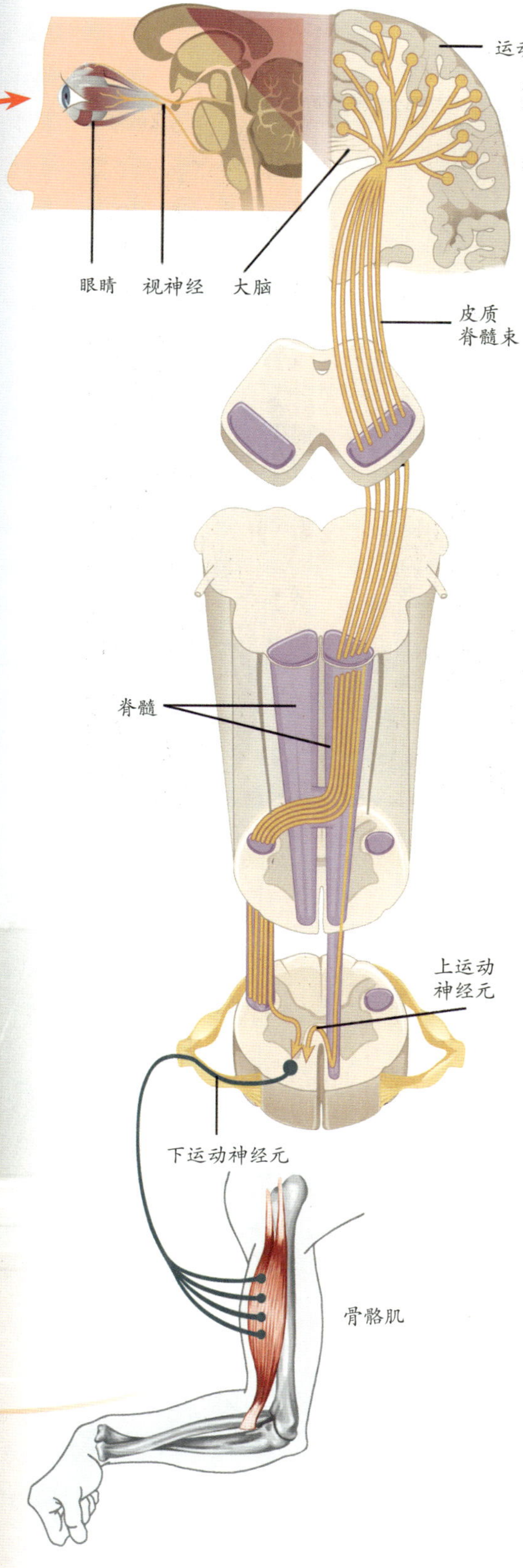

运动员的大脑对视觉刺激做出反应，然后再通过神经冲动命令人体肌肉做出反应，这是一个动态的过程

当视觉刺激进入大脑

大部分动物依赖嗅觉和听觉向大脑传递信息并引发对刺激物的反应。与其他动物不同，人类是高度依赖视觉的动物，形成了由视觉引发身体动作的通路。因此，人类进化出了一套非常精细和复杂的视觉系统。

一般来说，人类之所以能够看到东西，是因为眼睛中的“视觉看门人”捕获了穿过眼睛的电磁波。人眼的每一个组成部分——角膜、瞳孔、虹膜、眼球的晶状体、视网膜（眼球壁内膜）——都在发挥作用，最终合成一幅有颜色、有明暗的图像，然后这些视觉信息又被转化为神经冲动，通过视神经传递到大脑。

在大脑中，视皮层重组神经冲动，形成一幅有形、有意义、有记忆且有内容的图像，这样人们才能明白看到的是什么，然后做出不同的反应。比如，当人凝视房间桌子上的一盏灯时，这盏灯形成的图像可以触发人做出许多反应。如果灯是灭的，人可能会打开它；如果灯是亮的，人可能会关掉它。这些行为的目的无非是照亮房间或让房间变暗。

对于我们所看到的东西，大脑也通过控制其左右半球进行处理。左半球处理从双眼右视野中看到的图像，右半球处理从双眼左视野中看到的图像。

电流在全身激荡

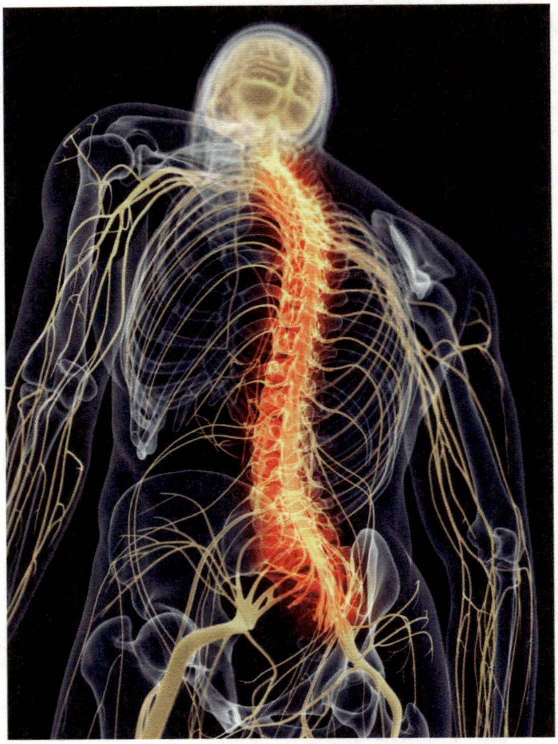
神经细胞轴突沿脊髓迂回，向身体各部位传递信息

本质上，运动是大脑向身体传递信息的过程。但是，在任何运动发生前，大脑必须将该信息中转至脊髓。脊髓呈长圆柱状，由神经纤维构成，起于延髓，沿脊柱迂回延伸。脊髓由 26 段堆叠的椎骨环绕保护，通过软骨构成的缓冲片分别隔开，能够吸收运动（如步行和跳跃）产生的震动。

当我们决定坐下、走路或跑步时，被称作“运动皮质”的大脑部位会向脊髓的神经纤维发出信号，我们得以行动。运动皮质被分为三个部分：初级运动皮质、运动皮质前区和辅助运动区。每一部分控制特定类型的运动，有的非常简单，有的则很复杂。

作为中枢神经系统中大脑的“伙伴”，脊髓中挤满了轴突，这些轴突有的来自大脑运动皮质中的神经元。轴突是神经细胞上的突起，是从细胞本体传出的电化学信号的传递渠道。这些细长的突起沿脊髓迂回，通过脊髓神经向身体的各部位传递信息。其中一部分轴突直接传递大脑运动皮质中的神经元信号，控制有意识的运动，比如走路和跑步。另外一部分轴突直接向肌肉传递脊髓神经元发出的信号，它形成的神经通路不经过大脑，形成无意识的动作，比如膝跳反射。

美国约翰斯·霍普金斯大学神经科学系副教授艾德里安·海斯（Adrian Haith）博士说：“肌肉收缩由脊髓中的运动神经元发出的电信号（动作电位）驱动。如果在肌肉上层的皮肤表面放置电极，很容易就能检测到这些电信号，这种方法称为‘肌电图’。因此，我们能够测出在运动过程中，每块肌肉在什么时候、以何种程度被激活。”海斯教授同时也是约翰斯·霍普金斯大学大脑、学习、动作和运动实验室的联席主任。

身体对刺激的反应有多快？

海斯博士说：“首先，我们必须察觉到这种刺激，并确定一个行动目标——在对刺激物做出反应时，我们实际上想要做什么。任务不同，对反应速度要求也不同，比如接住一个球的时间可能不到 100 毫秒，而决定如何下一步棋要花很长时间。其次，大脑必须针对目标来准备需要发送给肌肉的信号。长期以来，身体对视觉刺激的反应被认为是一个很耗时的过程。但最近的研究显示，整个过程的发生可以非常快速——大约 50 毫秒。最后，行动被激发。”

能否提高运动员对视觉刺激的反应速度，减少反应时间呢？海斯博士说：“要实现这些，运动员必须进行训练。”海斯博士一直在研究相关训练的效果。他说：“我们已经得出结论（尚未发表），长时间、有针对性的练习确实能加快反应速度。这种效果看起来主要归因于能够更快地选择目标（决定做什么），而不是准备如何执行这一动作的细节。”

那么，如果要更好地击打高速飞来的球，除了训练肌肉力量，也请好好训练你的神经系统吧！

肌电信号采集

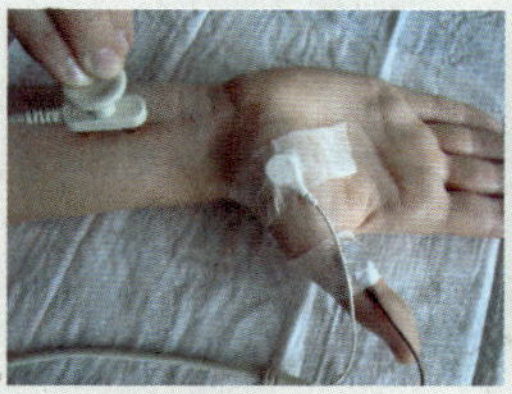

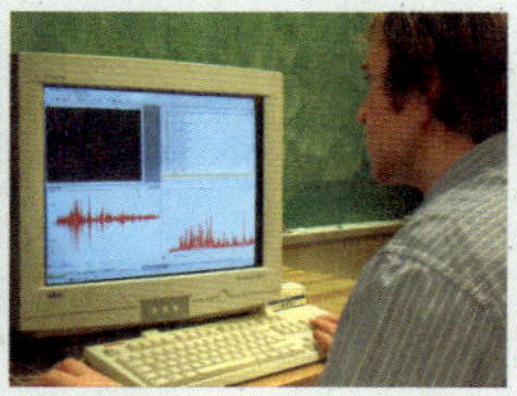

当大脑想要调控肌肉的活动时，运动神经元会产生电脉冲，这种电脉冲会沿着神经元轴突传到肌纤维，然后引起肌纤维的收缩，从而产生力。与此同时，电脉冲在人体的软组织里还能够产生电流场。如果在组织表面放置检测电极，研究者就会在检测电极之间观察到电压。如果将这种生物电变化通过电极引导、放大、显示并记录下来，就会得到一个时间序列图形，这种图形就是“肌电图”。

在检测时，测试人员有时会在人体的皮肤表面放置电极来记录肌电活动，或者把针状的电极刺入肌肉组织来记录，前者称为“表面肌电信号”采集，后者则叫作“针电极采集”。

那么，研究者是如何通过肌电信号来分析肌肉情况的呢？首先，我们需要知道正常的肌电图是什么样子。如果我们的肌肉完全放松，那么将电极插入肌肉测试时，在记录仪上将看到一条平稳的直线。如果让肌肉做适度的收缩，记录仪上就会出现一些垂直上升或者垂直下降的波形。如果肌肉收缩程度不断加强，那么参加收缩的运动单元数目就会增加，在肌电图上的波动就会更加复杂。研究者能够通过肌电图判断肌肉的状态，比如肌肉疲劳。肌电图上的肌电信号的频率降低或者振幅增大，都可能提示被测者的肌肉出现了疲劳。

人体的“马达”

奥林匹克运动里最大的力量和能量的比赛当属举重，这听上去是不是挺夸张的？至少乍一听是这样的。

这个说法是很有道理的，因为奥运会举重选手不仅仅是展示纯粹的力量。他们需要像激光一样集中力量，有刀锋般的平衡力和爆发力。所有这些都要在举重中展示出来。这项运动有适用于所有运动员的严格规则，同样也是一个世界范围的运动项目。

因此，站在领奖台上被颁发一枚奥运会举重金牌，意味着这个运动员有权宣称——“我是世界上最强壮的男人/女人！”

上升两米的艰难路程

奥林匹克举重分挺举和抓举两个项目。

挺举涉及两个动作：第一个动作是挺——将杠铃从地面移动到肩膀上；第二个动作是举——将杠铃举过头顶。

抓举对举重运动员的要求很高。它要求运动员在一个流畅完整的动作中完成从抓起到举起，这需要很大的力量和速度。

运动员走向放在地面上的杠铃，抓起杠铃杆，猛地将杠铃举过头顶直到双臂充分伸展。所有这些都在一个动作中完成。无论多大的重量，抓举动作通常在1秒内完成。

奥运会男子举重竞赛中最轻量级（56公斤级）比赛的男子举重运动员可以抓举起137公斤的重量。最重量级（105公斤以上级）比赛中，男子举重运动员可以抓举起210公斤的重量。

下面为你解释举重运动员是如何举起这样巨大的重量的。

在抓举比赛中，如果运动员要将137公斤重的杠铃一气呵成地举过头顶（大约是运动员身高的70%），那么运动员将需要在1秒左右的时间内对杠铃做大约1600焦的功，这需要极大的爆发力。但是，如果你认

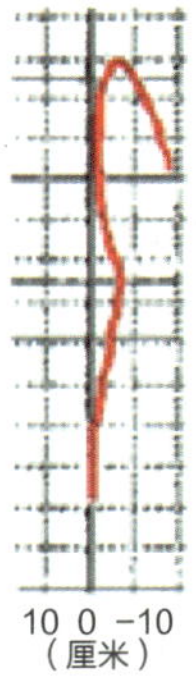

运动员举起杠铃的过程。观察杠铃的移动轨迹（如图中绿色点所示），可以发现，杠铃移动的轨迹非常贴合运动员的身体，横向移动的距离很小

在运动员下蹲支撑的过程中，不仅需要臀大肌发力，还需要背部肌肉发力来保持身体不往前倒。随着膝关节角度的改变，运动员也调整了躯干、髋和大腿之间的角度，以保持杠铃的重心向下延伸的线与地面的交点落在两脚之间的位置上

为举重运动员只是靠蛮力来完成举重动作，那就大错特错了。

如何调动体内肌肉的极限力量来完成动作，是举重的关键。

从事运动生物力学研究与运动技术诊断的国家体育总局体育科学研究所研究员王向东等人研究了中国女子举重运动员在抓举过程中的肌肉激活情况。在运动员提起杠铃阶段，只有大腿的肌肉被激活。随后，运动员发力，将杠铃举过头顶，此时监测到运动员全身 8 处肌肉（大腿 4 块、小腿 1 块、躯干 2 块、肩部 1 块）被激活。之后运动员需要将手臂伸直以维持杠铃稳定并迅速下蹲，在这一过程中发挥主要作用的是运动员的三角肌和位于躯干部的肌肉群。由此可见，在整个抓举过程中，运动员需要协调全身不同部位的肌肉来完成这一重量级的任务。

而且，在完成举重动作时，运动员还需要掌握举起杠铃的合理运动轨迹，并控制上举时间。

仔细观察你会发现，在完成上举动作时，杠铃移动的轨迹非常贴近运动员的身体，横向移动的距离很小，这是为了避免运动员在重力和惯性的作用下身体失去平衡。

要保证这样的杠铃运动轨迹，需要运动员调整身体躯干、肘、髋和膝的角度及角速度。在运动员保持预备姿势时，膝关节和躯干都几乎直立，这是为了使杠铃的重力作用线尽量接近运动员踝关节的支点，减少有害分力。随后，运动员需要在举起杠铃前预先下蹲，此时会看到膝关节角度变小。运动员屈膝是为了拉长腿部肌肉，为下一步利用肌肉的收缩发力上举积累势能。同时可以看到，随着膝关节角度的改变，运动员也调整了躯干、髋和大腿之间的角度，以保持杠铃的重心向下延伸的线与地面的交点落在两脚之间的位置上。

预下蹲之后，运动员需要发力上举杠铃，可是如何判断上举的最佳时机呢？杠铃的振动会给出答案。因为杠铃的横杠具有弹性，因此当运动员屈膝，杠铃下降并发生制动时，杠铃片的重量会使横杠弯曲，杠铃此时会做简谐振动，这使得运动员有可能利用杠铃振动的加速度帮助自己更容易地举起杠铃。运动员如何利用杠铃振动的加速度呢？当杠铃振动到平衡位置上方最大位移处时，杠铃的速度为零，但向下的加速度最大，处于类似失重的状态，运动员会觉得杠铃最轻，理论上，此时是上举杠铃的最佳时机。由于运动员发力也需要一定的时间，所以运动员可以利用杠铃振动周期性的特点先摸索杠铃的振动幅度，然后在杠铃上移但未到达最高点之时发力，杠铃上移到最高点时举起杠铃。

梅甘·普尔的力量训练

美国举重运动员梅甘·普尔

（Megan Poole）在高中时代就开始从事这项运动了。这位 1.6 米高的金发学生从来没想过会成为一名举重运动员。她最初只是想在学校的啦啦队里，让自己变得更加强壮些。现在，她上了大学，在科罗拉多的美国奥运会集训中心进行训练。她希望参加未来的奥运会，并至少获得其中一个项目的名次。

当普尔开始举重时，她惊讶地发现，变得强壮是从大脑开始的。“人们相信快速增加力量的方法是举重。”普尔在解释的时候强调了“力量”这个词，并指出，变得强壮并非源于增加肌肉的力量，至少在初期不是。“在练习举重的第一年，真正发生的是神经肌肉系统适应的建立，从大脑到肌肉的神经通路被重复的举重动作刺激。随着时间的推移，这些通路对刺激逐渐适应。当适应建立起来，就好像你的身体更加了解举重训练，举重因此变得容易起来。”

普尔提出了一个关于神经肌肉适应的重要观点：身体的肌肉组织对于它所遇到的挑战是有适应能力的。你也许听过这些词：白肌纤维和红肌纤维。

白肌纤维和红肌纤维

从根本上来说，一个人的基因组成和身体条件决定了其肌肉的“启动包”。这个“启动包”包含了各种类型的肌肉，以满足人的每日所需。这就是为什么肌肉是“全能能量机”。

人体通常以节能的方式进行工作，记住这一点对了解肌肉很有帮助。（这是从我们灵长类祖先那里传承下来的。他们并不知道自己的下一顿饭什么时候才吃得上。）这种节能态度尤其表现在肌肉的工作分工上。白肌纤维和红肌纤维相比，后者消耗的能量较少。

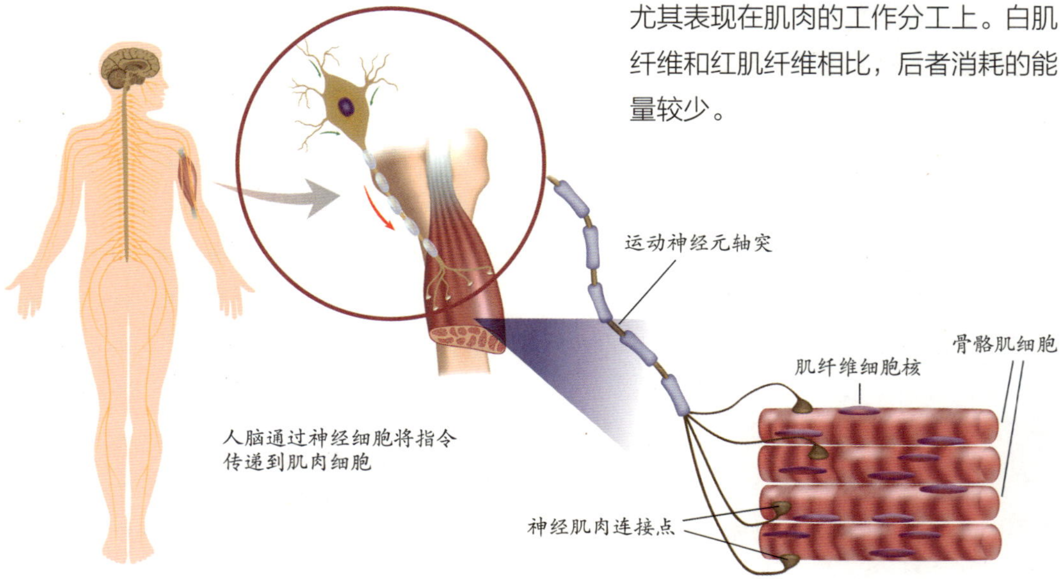

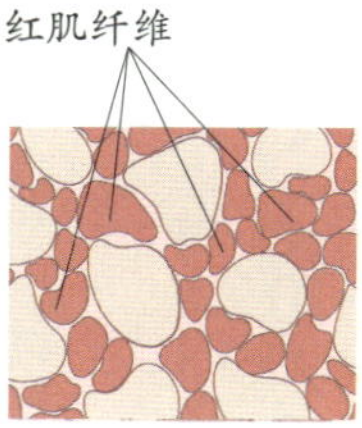

红肌纤维	白肌纤维
有氧代谢	无氧代谢
力量稳定	爆发力强
耐力好	容易疲劳
耐力型运动员的红肌纤维多	爆发力型运动员的白肌纤维多

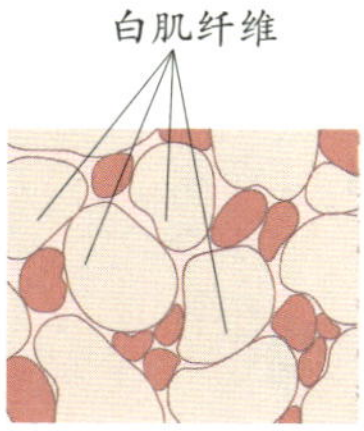

当你拿起教科书从一间教室走到另外一间教室，或者当学期结束时你冲到门外，所使用的大多数肌纤维是红肌纤维。启动红肌纤维是肌肉“启动包”的默认选项，因为使用它们所需的能量较少。

但是，当你为了完成作业长途跋涉到图书馆去寻找参考书的时候呢？你找到了几本书塞进书包，然后拎起书包，再然后……哇哦！你使劲一拎但是书包几乎没动，这时你用两只手抓起书包使劲往上一甩，背上书包，然后蹒跚着走出去，这些书不断敲击着你的后背。这时发生了什么？你的身体发生了运动学家称为“体积原则”的反应。

你的红肌纤维通常是最先被召唤的，却不能完成这项任务。所以在一个被称为“运动单元募集”的过程中，那些“壮汉”们——白肌纤维，被召集去提供帮助。面对着举起超重负荷的书包的任务，你的身体为了力量牺牲了节能。

肌肉的能量消耗与肌肉的收缩速度相关。当连接运动神经元和肌纤维之间的电冲动产生时，肌肉收缩。肌肉通过收缩来完成它的“工作”。

在肌肉的“启动包”中，红肌纤维体积比较小，它们通过较小的运动神经元获取能量。相应地，让红肌纤维收缩所需的能量也比较少。因此它们是最先被募集来完成身体的任务的。和红肌纤维相比，白肌纤维体积比较大。它们对应的运动神经元也比较大，收缩所需的能量也比较多。而它们一旦开始工作，注意了！它们的收缩快速而有力。

现在，回到普尔的神经肌肉适应理论。普尔所做的，即举重运动员所做的，就是改变他们身上的“体积原则”。通过训练，举重运动员可以改变执行任务时红肌纤维和白肌纤维的募集顺序。想象一下普尔完成抓举时所发生的事。抓举需要很快的速度和很强的力量，这些不可能仅仅依靠红肌纤维完成。但是由于经过针对性训练，当运动员抓起 137 公斤重的杠铃时，他们所有的白肌纤维就像充满能量的机器一样同时工作。

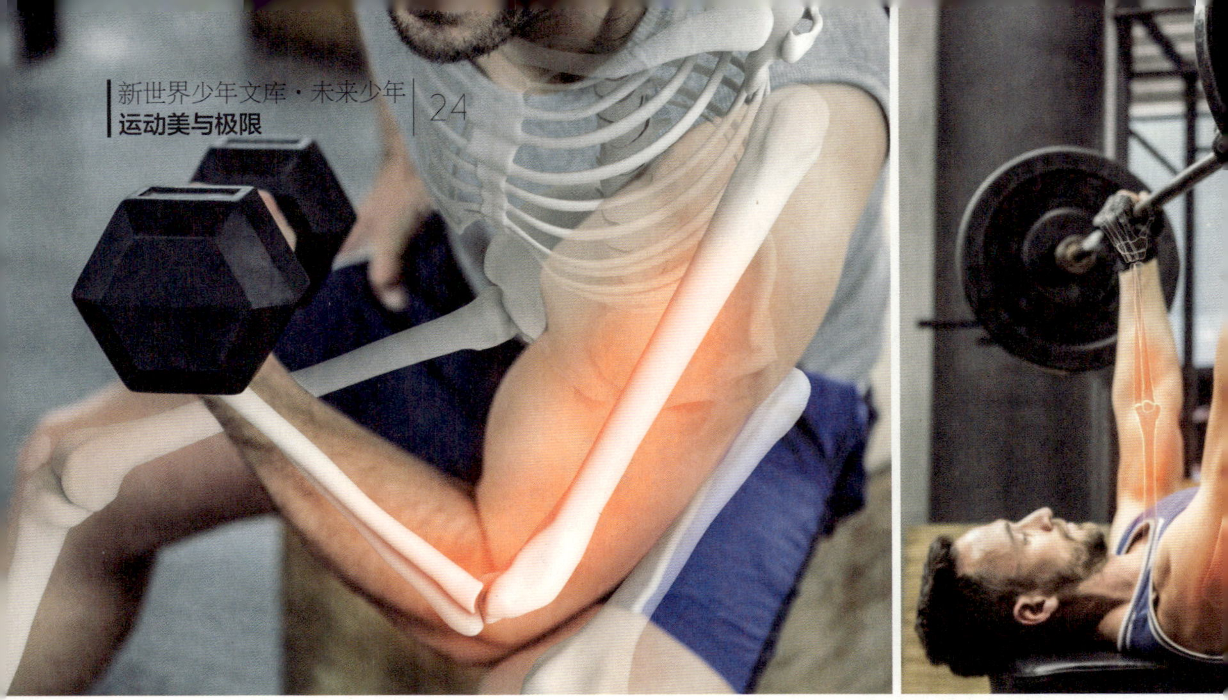

细数骨骼

想要理解奥林匹克运动员的话，一起唱吧，唱吧，唱吧：

那些骨头，那些骨头，那些跳跃的骨头，

趾骨连着足骨，

足骨连着跟骨，

跟骨连着踝骨，

那些骨头呀，那些骨头，就要走起来……

这是一首叫作 *Dem Bones* 的美国老歌中的一段歌词。这首歌讲述的是很久以前，过世的人们站起来——一块骨头一块骨头地站起来。听上去挺可怕的是吧？但是孩子们

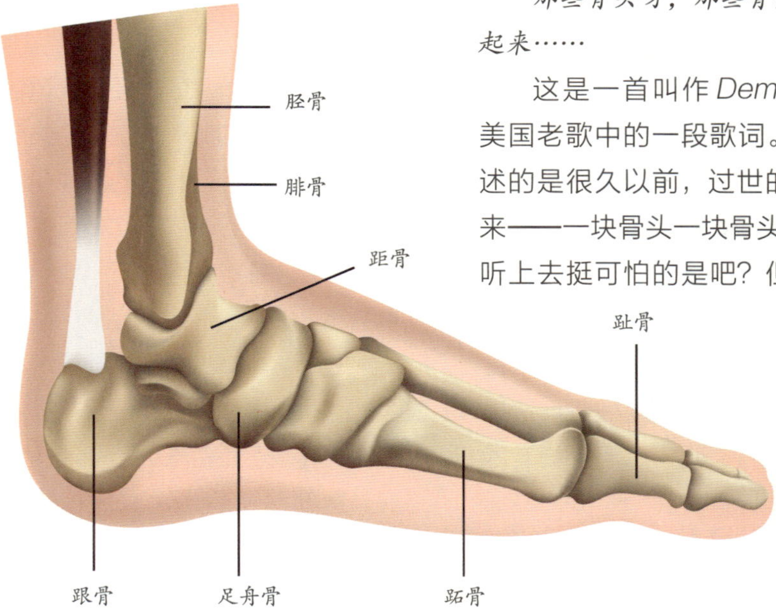

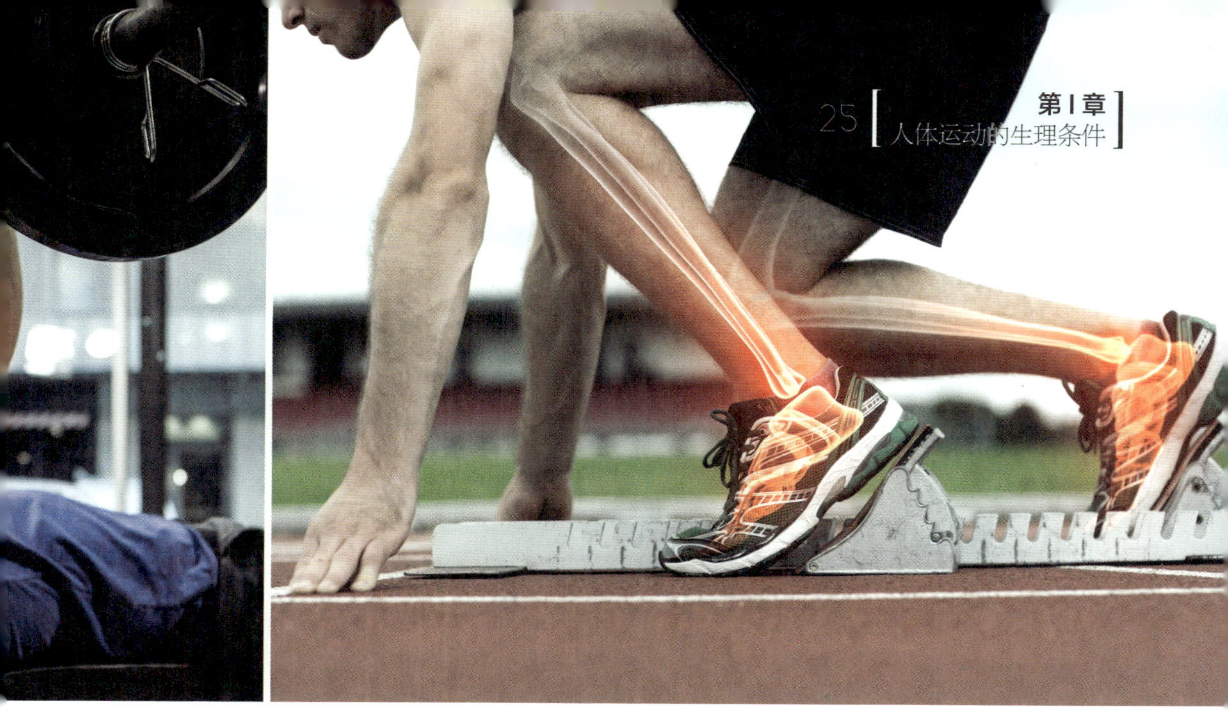

喜欢在篝火旁一边唱着这首歌一边翩翩起舞。老师们用这首歌来解释人体中骨头的重要性以及人类骨骼是如何互相连接的。

踝骨连着胫骨，
胫骨连着髌骨，
髌骨连着股骨，
股骨连着髋骨，
那些骨头呀，那些骨头，就要走起来……

所有这些骨头到处走的说法其实挺不科学的。但是这首歌也是有一定道理的——如果画一张人体素描，你肯定是先从骨头画起。毕竟，无论是走路、跑步、摔跤、游泳、骑车、滑冰还是滑雪，你都需要稳定有力的结构支撑。而骨骼提供的远不止结构支撑。

成年人有 206 块骨头。其中，每只手都有 27 块骨头，每只脚有 26 块骨头。试着从左侧胸骨开始数

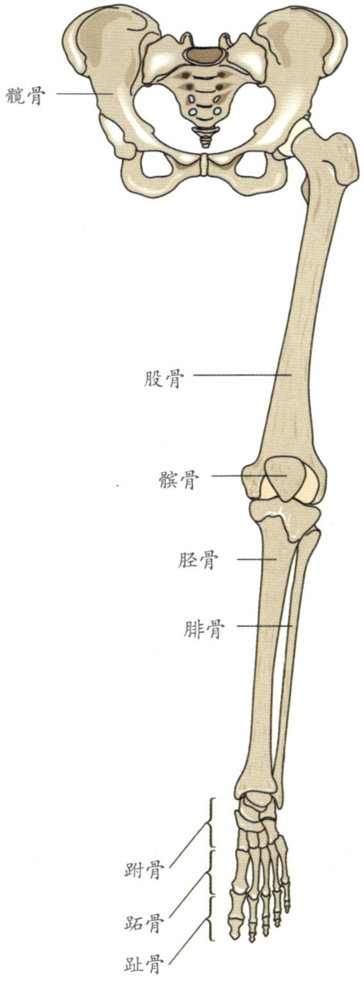

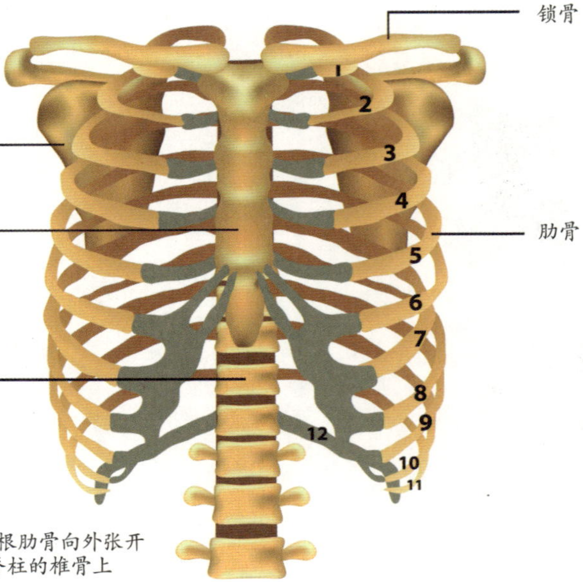

胸骨两侧各有12根肋骨向外张开形成弧线连接到脊柱的椎骨上

人体呼吸时，胸腔会扩张和收缩，“胸廓”的骨骼支撑着呼吸运动，同时起到稳固和保护人体内脏器官的作用

你的肋骨。胸骨每侧都有向外张开的12根肋骨。这24根肋骨成弧线连接到脊柱的椎骨上。无论是早上爬出被窝，还是百米冲刺，我们都会用到这206块骨头。

这些骨头的三大主要任务体现在一组被称为“胸廓”的骨头上。胸廓由12块胸椎、12对肋骨、1块胸骨及其之间的联结共同构成。

现在深深吸一口气，然后吐气。想想看，你的胸腔里，肋骨和胸骨下到底发生了什么？是什么让你的胸腔有起伏？随着呼吸，空气进出你的肺叶就会产生这种效果。你的胸腔的扩张和收缩说明一些骨骼肯定参与了运动，没有呼吸就不可能生存。还有位于你的胸骨下方略偏左的在持续稳定地跳动着的心脏，同样需要它来维持生命。显然，对于人体里最需要的器官，稳定的骨骼结构还具有保护作用。

最后，骨骼还使器官保持了结构形态。试想一下，如果人体的重要器官都堆在了“杂货口袋”里，人会变成什么样子？这肯定不具有美感。

现在除了 *Dem Bones* 中没有提到的骨头，还有一些在歌里没有提到的结构：肌腱和韧带。不过这样也好，不然唱起来：“趾骨——靠着韧带和肌腱——连接到足骨……”这样也显得太笨拙了。如果再加上骨之间的连接——关节，这首歌就更笨拙了！

科学家先将人体骨骼进行了有用的整理，然后歌曲作者才写出了 *Dem Bones* 这首歌。人体骨骼由中轴骨骼和附肢骨骼组成，所以很容易将骨骼进行分类。中轴骨骼包括躯干骨和颅骨共 80 块，组成了骨架的核心结构。肩胛骨、肋骨、髋骨和股骨都是连接在中轴骨上的。人类一共有 126 块附肢骨骼。

与中轴骨骼比较，附肢骨骼的“附”字足以说明它的意义。“附”的意思是附加的、额外添加的。

髋骨连在脊柱上，
脊柱连在肩胛骨上，
肩胛骨连在颈椎骨上，
颈椎骨连在头骨上，
这些骨头呀，这些骨头，马上就要走起来……

它们还能跑，能潜水，能滑行，能举重，能在人类可能的范围里快速、优雅地旋转。这些被称为“奥林匹克运动”。

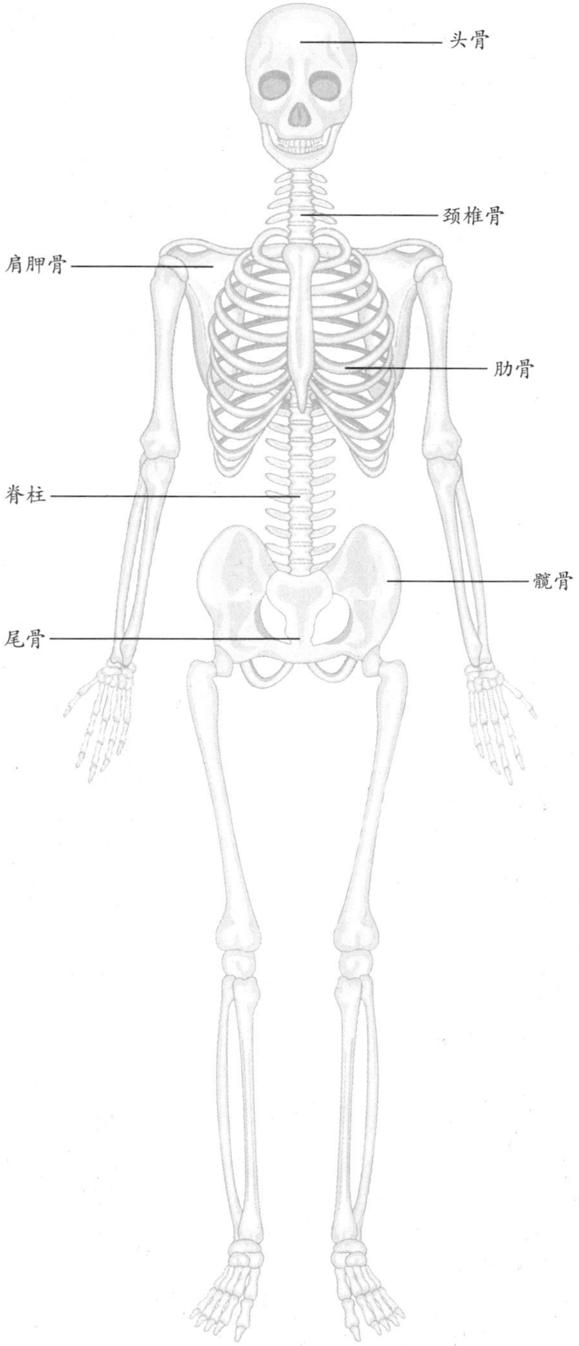

人体上半身的主要骨骼如图所示。由上至下，头骨、颈椎骨、肩胛骨、肋骨、脊柱、髋骨、尾骨都具有重要作用

第 II 章

[科技，突破运动生理的极限？]

- 人类还能更快吗？
- 控制运动的牛顿定律
- 运动背后的物理学
- “飞鱼大战”中的流体力学
- 身体塑造与运动
- 奥运冠军的心流
- 如何正确处理运动损伤？

人类还能更快吗？

田径场上的百米飞人大战一直是最吸引眼球的项目，奥林匹克格言中的“更快”在这一项目中被演绎得淋漓尽致。但是，如果让百米女飞人和百米男飞人同场竞技，谁会胜出？也许你会说，虽然奥运会并没有这样的混合比赛，但要想知道答案并不困难，我们只需要将男子 100 米和女子 100 米冠军的成绩进行比较就可以高下立见。2012 年伦敦奥运会男子 100 米冠军博尔特跑出了 9 秒 63，创造新的奥运纪录；而女子 100 米的奥运纪录由伊莱恩·汤普森在 2021 年打破，用时 10 秒 61。有人说，在 2156 年奥运会上，女子或许会比男子跑得更快。

玩笑还是科学

这并不是在开玩笑，安德鲁·泰特姆（Andrew J. Tatem）等人的研究成果发表在了 2004 年的《自然》杂志上。他们汇总了 1900 年到 2000 年 100 年间男子、女子 100 米比赛的冠军成绩，以年份为横坐标、比赛成绩为纵坐标，将数据点标记出并通过数据拟合的方法，试图获得 100 米比赛成绩与年份之间的关系和趋势，从而推测未来男子和女子比赛成绩的走向。

他们采用的是直线拟合的方法。直线拟合是最简单、最方便的拟合算法。在图中可以看到，直线拟合得到男子（蓝色）、女子（红色）两条直线。其中，实线的部分是与数据最符合的区域；虚线的部分是根据外推法得到的结果。外推法是根据已有的数据和模型来推断未来发展趋势的一种方法，它使我们能根据某一特定模型推断出还没有发生的事情。比如，从这张图上很容易发现，蓝色和红色的两条虚线有一个交点，这个交点在横坐标上对应的年份正好在 2156 年附近。如果这项预测准确，那么，在 2156 年，女子 100 米比赛冠军选手将跑出 8.079 秒的成绩，首次超越男子 100 米比赛冠军的 8.098 秒。

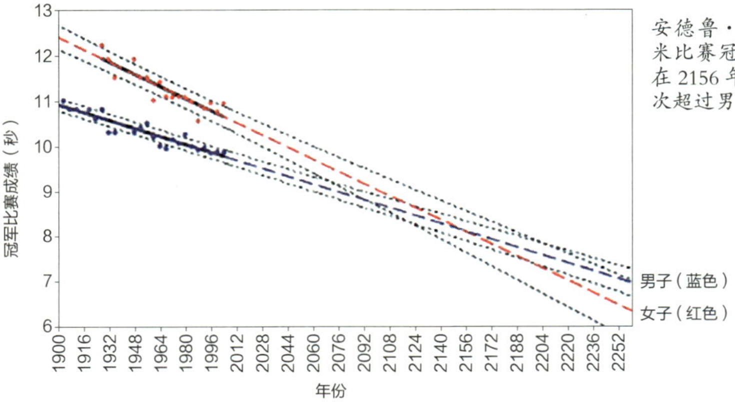

安德鲁·泰特姆对男子、女子 100 米比赛冠军成绩的直线拟合，预测在 2156 年女子 100 米冠军成绩将首次超过男子 100 米冠军成绩

接受还是思辨

也许你会觉得这样的研究结果很神奇，但是你或许也会想：百年后的事情真的可以预测吗？这里使用的预测方法是否合适？如果你看到一项研究成果，产生这样的疑问，那就太棒了，说明你已开始拥有科学家的思辨意识。而科学研究就是在提出疑问、思考并解决疑问的过程中不断前进的。

《自然》杂志在刊登了这篇文章后收到了一封来自美国得克萨斯州一所中学生物班学生的信，这个班的同学通过阅读、查找资料和讨论之后认为，安德鲁等人的预测存在漏洞。他们认为，一方面，前 100 年的趋势不能代表未来 156 年的趋势；另一方面，女选手比男选手少 32 年的数据也可能导致拟合模型出现问题，因为或许女选手的成绩已经到了平台期。最重要的是，无论男选手还是女选手，在生理上都存在一个极限，不可能无止境地加速。《自然》杂志接收并刊登了这封由 16 ~18 岁的中学生写来的信。

直线还是曲线

这群中学生的想法不可小觑，他们提到的问题确实值得思考，比如平台期和生理极限。当运动员的成绩不再有任何提高也没有明显的降低，而是维持在一个较为稳定的水平，那么他可能到了他的平台期。在曲线拟合中也可以反映出这样的平台效应。

亚当·M. 内维尔（Adam. M. Nevill）等人在对男子、女子 1500 米世界纪录的拟合中就采用了曲线拟合的方法。图中的菱形代表的是男选手的数据，三角形则代表女选手的数据，通过这些数据拟合所得的拟合曲线也呈现在图上。这样一对比可以很直观地看到，男选手的拟合曲线看起来像一条直线，但是女选手的拟合结果在 1980 年之后明显地有了一个几乎不再变化的平台。

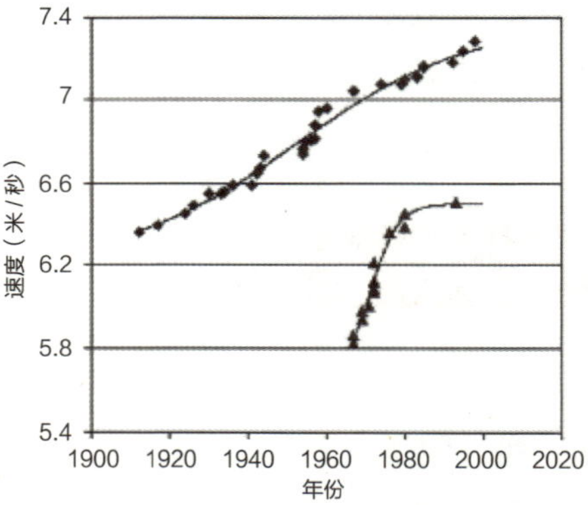

内维尔对男子、女子 1500 米比赛的世界纪录做的拟合曲线（图片来源：ncbi.nlm.nih.gov）

100 米比赛中选手的速度同样具有平台期。在马克·丹尼（Mark W. Denny）对男子、女子 100 米比赛的世界纪录的曲线拟合中就出现了平台。马克的拟合研究中，实心、空心圆分别表示男子、女子 100 米世界纪录的数据，曲线拟合用红色标识，绿色直线是通过线性回归得到的平台。马克的研究显示，女子 100 米选手的速度大概从 1977 年起就进入了平台期。

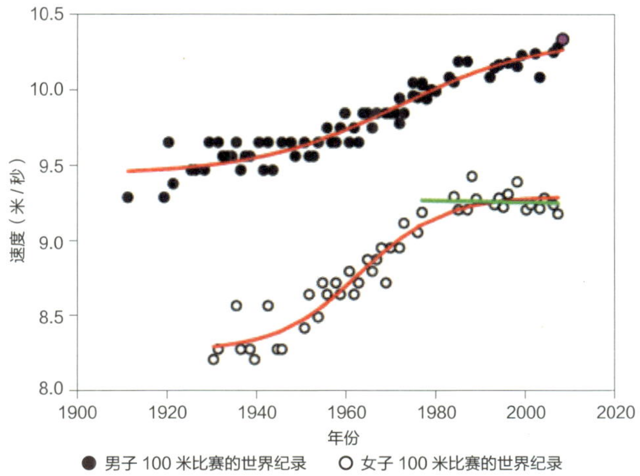

马克·丹尼的男子、女子 100 米比赛的世界纪录（圆点）的曲线拟合（图片来源：jeb.biologists.org）

运动的魅力

如果某个项目的成绩已经进入了该项目的平台期，那么这项比赛是否就会变得不再吸引人？如果某项纪录已经到了极限，不可能再超越，那么这项比赛的存在是否就已经不再具有意义？

随着科学技术的发展，无论是运动员的身体素质还是运动员采用的运动装备都比以前有了极大的改善，人类的运动成绩和表现也和古希腊时期不可同日而语。人类为了挑战极限进行了大量的科技突破，但也产生了许多问题，比如兴奋剂，比如鲨鱼皮泳衣。

“更快、更高、更强”的现代奥林匹克格言（2021 年，格言中加入了“更团结”）是希望激励一代又一代的运动员不断打破纪录，还是希望一代又一代的运动员享受挑战的乐趣和胜利的喜悦？也许这是我们在观看奥运会的时候更应该思考的。

目前的男子 100 米比赛的世界纪录是由尤塞恩·博尔特（上图）于 2009 年创造的 9 秒 58，女子世界纪录是由弗洛伦斯·乔伊娜（下图）在 1988 年创造的 10 秒 49

控制运动的牛顿定律

亲爱的读者：

自称“爵士”，似乎略欠谦逊，但我岂敢冒犯我们尊贵的安妮女王。1705 年，当我在她面前跪下接受这一爵位时，英格兰的君王是那么富有魅力。我得此爵位是因为本人的一些拙见，如发明微积分以及发现万有引力，二者均收录于《自然哲学的数学原理》。在此，本人欲与诸位分享的内容正是得自这些想法。

以下是科普作者丹·里施（Dan Risch）以艾萨克·牛顿本人的口吻与读者分享这位物理大师关于控制运动的物理定律——著名的牛顿运动定律。

我是艾萨克·牛顿，其实，我年轻的时候，大家经常叫我“滑冰高手”（good skate，双关语，也有讨人喜欢的意思）。刺骨的严冬里，在泰晤士河冰面上滑行是多么令人陶醉呀！天冷极了，但是，不管是滑着玩还是争夺金牌，寒冷是件好事。以下是我得出的关于控制运动的物理定律，我敢说它们是非常有趣的观点。掌握这些定律之后，你就能像冠军那样滑冰了。

牛顿第一运动定律

一切物体在没有受到外力作用的时候，总保持静止状态或匀速直线运动状态。

当然，我指的是世界上万物都有保持自己状态的趋势，除非外界对它们产生作用。某个物体处于静止状态，如果没有受到外力的作用，它就会一直保持静止状态。某个物体处于运动状态，如果没有受到外力的作用，它就会在同一方向上保持匀速直线运动状态。（听说有一个叫伽利略·伽利雷的意大利人把这种自然现象称作“惯性”。）

冰上运动完美地诠释了我的第一

短道速滑运动员在起跑线完全处于静止状态，起跑的动力首先来自摩擦力

定律。奥运会椭圆形的短道速滑跑道的温度保持在零下 5.5℃，冰面坚硬光滑。短道速滑运动员站在起跑线上完全处于静止状态。按照第一运动定律，如果没有外力作用，他们的“质量”（包括身体、头盔、运动服和冰鞋）都将保持静止。要是有一个外力作用，他们就会沿直线滑出去。但是，我们谈论的是受过训练的运动员。他们要想给自己施加动力，首先需要摩擦力。

短道速滑运动员把前脚冰鞋的刀尖戳入冰面，后脚冰鞋蹬住冰，身体呈直角。在发令枪响的那一刻，运动员们用扎进冰里的刀刃蹬冰，“跑”过五六步后，他们就开始滑冰了，然后登场的是……

牛顿第二运动定律

物体的加速度跟所受外力的合力成正比，跟物体的质量成反比，加速度的方向和合外力的方向相同。

我热爱数学，我的第二运动定律可以用一个数学公式来表达：$F=ma$，F 代表要让一定质量（m）的物体（滑冰者及他们身上穿戴的所有衣物）产生加速度（a）所需要的力。加速度是所有力作用在滑冰者身上的最终结果，这些力可以让他们的速度加快，也可以让他们的速度减慢。加速度可以改变滑冰者的速度和运动方向。

在比赛开始时，短道速滑运动员是静止的。当发令枪响，运动员给扎入冰面的冰鞋施加了力，使运动员有

短道速滑运动员用蹬冰脚蹬冰获得反作用力以推动自己沿着滑行脚方向滑行，由于运动员的蹬冰脚在左右脚之间不断切换，所以运动员的实际运动方向仍然是沿直线向前滑行（α 为蹬冰脚前进的方向与实际运动的方向之间的夹角，F 为蹬冰脚蹬冰时受到的反作用力）

了加速度并在直道上向前冲去。起跑之后要想继续加速，就需要一些技巧和动作的协调了。

如果运动员的前进方向与刀刃在同一条直线上，刀刃和冰之间产生的摩擦力就会很小。为了形成更大的摩擦力以提升速度，后面"推"冰的刀刃就要和运动方向成一个角度。这个角度可以让刀刃更多地接触到冰。接触的冰越多，形成的摩擦力越大，运动员将自己推出时的加速度就越大。要想在直道上快速前进，运动员就要不断切换运动方向与刀刃之间的角度以获得推力。

在泰晤士河上，这样的比赛是吸引人眼球的。幸运的是，这里没有椭圆形短道速滑跑道的急转弯。要想在弯道上比赛（还要保持身体直立），短道速滑运动员就必须使用我的第三运动定律了。

牛顿第三运动定律

两个物体之间的作用力与反作用力总是大小相等，方向相反。

在跑道上，运动员用冰鞋的刀刃推挤冰。反过来，冰也形成一个大小相等、方向相反的力推挤刀刃向前运动。但是，在接近弯道时，运动员必须改变刀刃的推力方向。如果不改变，转弯时，由于离心力作用，运动员就会撞到隔离栅上。（离心力不是一个真实存在的力，但是它有助于人们理解观察到的现象。）

进入弯道时，运动员必须改变作用在他们身体上的力的方向。从我的第一运动定律可以知道：做直线运动的滑冰运动员，如果没有外力改变他的运动方向，他可以一直保持直线运动状态。怎样才能在以 15.65 米 / 秒的速度滑行时改变方向呢？

速滑运动员是通过向心力来实现这一目的的。在田径比赛中也有弯道，田径运动员利用自身重力、地面支持力以及脚和地面之间的摩擦力来提供向心力。与田径运动员略有不同的是，短道速滑运动员只能在与滑行垂直的方向上完成蹬冰动作。如果你仔细观看短道速滑比赛，一定注意到在进入弯道之后短道速滑运动员改变了蹬冰的方式，他们不再像在直道时那样一只脚向左蹬冰、另一脚向右蹬冰，而是向弧心方向倾斜身体，两脚轮流向右蹬冰。

科学家可以通过简单的计算获得弯道中运动员蹬冰的频率和蹬冰所做的功。通过计算发现，速滑比赛中过弯技巧水平取决于运动员在弯道中蹬冰做功的能力和进入弯道前的滑行速度。当运动员想以一定的速度滑过弯道时，如果个人能力很强，每一次蹬冰都能产生很大的

推力，则他在过弯时的蹬冰频率就会比较低，过弯时滑行的弧线半径会比较小；如果能力不足，而又不想降低速度，他就需要滑一个半径更大的弧来完成过弯。

如果想在弯道加速，运动员需要根据比赛情况更巧妙地安排战术。在 500 米短距离比赛的第二个转弯处，如果选手体力充沛，每一次蹬冰的力量都很充足，蹬冰做的功远大于过弯所需，此时，运动员就可以通过提高蹬冰频率来加速。但实际上，提高蹬冰频率会降低每次蹬冰的做功效果，因此，通常情况下并不推荐。较好的弯道加速方法包括：提高进入弯道时的速度；在每次蹬冰时通过微调膝盖角度，使刀刃与水平方向呈更小的角度，以增加做功。

后记

物理世界中充满了力，这些力相互作用才能让世界运转（包括短道速滑运动员滑冰）。你肯定在骑自行车或玩滑板的时候对这个问题有过切实的观察。

祝你滑冰愉快！

运动背后的物理学

韩国女单花样滑冰运动员金妍儿是花样滑冰历史上第一位集冬奥会、世锦赛、大奖赛总决赛、四大洲赛、世青赛冠军于一身的女单得主。图为 2014 年冬奥会上的金妍儿

有种解释说，物体和冰雪的接触面有一层薄薄的水，由于这层水的润滑，降低了摩擦力，加快了速度，形成了多姿多彩的冬季运动

重心平衡就是一切

在高速滑行中，花样滑冰运动员伴随着音乐，表演一系列的规定和自选动作——滑行、旋转、跳跃……其中跳跃是所有动作中难度最大且最具有代表性的动作。

想象一下把自己的身体投入空中，并旋转四周，是一种什么样的感觉。目前奥运比赛中最具挑战性的花样滑冰动作是四周跳。一般来说，滑冰运动员起跳后会在空中停留 0.65~0.70 秒，也就是说，要在这么短的时间内在半空中旋转四周。进行这种高速旋转时，如果摔倒，相当于以自身体重 7 倍的力量着地，将会对身体造成严重的伤害。

花样滑冰运动员要在冰上奋力做出这些高危动作，还要让这些动作看起来优雅且毫不费力，这需要极佳的艺术才能、运动能力，以及对一些基础物理原理的深刻理解。

美国密歇根大学物理学教授布拉德福德·奥尔（Bradford Orr）说："没有比滑冰场上的动作更好的物理

俄罗斯詹纳·霍克洛娃（Jana Khokhlova）和瑟戈·诺维斯基（Sergei Novitski）表演的冰上舞蹈

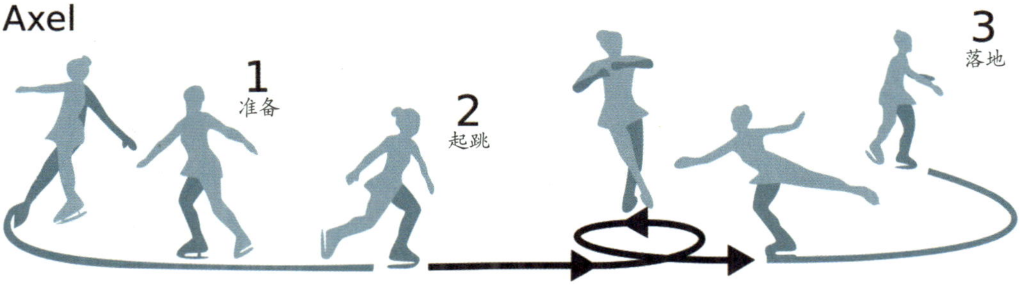

花样滑冰阿克谢尔跳

示范了。滑冰场是见证科学的极佳场地。良好的平衡，或者说稳定性，是滑冰运动员的基本功，而这些基本功建立在对重心的理解上。”

在地球上，任何一个物体的各部分都受到重力作用，这些重力可以视为集中于一个点，这个点称为“重心”。如果要支撑一个重物并让重物平衡，支撑力的作用点与重心必须在同一条铅垂线上。

对花样滑冰运动员来说，重心一般是在髋部，远远高于作为支撑点的冰鞋与冰面的接触点。花样滑冰运动员的重心必须要保持在支撑点的正上方以维持平衡，并随位置变化而调整。在进行双人滑冰和冰上舞蹈的时候，这点会变得更具挑战性，因为这要求两个滑冰运动员要将他们的联合重心保持在支撑点的上方，包括在做出托举或其他复杂动作的时候。

奥运花样滑冰金牌获得者伊万·莱萨切克（Evan Lysacek）跳起旋转一周的分解图，人在空中移动时重心始终平稳，重心的轨迹自然形成抛物线

事实上，在冰上做曲线运动的物体，受离心力影响，作用在重心上的力变得非常复杂，这些都需要运动员敏捷地感受并调节平衡。

当一个滑冰运动员跳跃时，他就变成一个抛射物——同时进行垂直运动和水平运动的物体，他的重心会沿着一条弯曲的轨道运动。这个轨道在数学上叫作抛物线。无论在轨道的哪一个点，重心的平衡都应该是可控的。

在高度和速度变换间的空中舞蹈

不论你是否是冬季奥运会的粉丝，你都可能知道他的名字——肖恩·怀特（Shaun White）。他在单板滑雪U形池赛事中一直是最知名的。

同体操和跳水一样，单板滑雪U形池是一项将力量、技巧、美感相结合的运动。

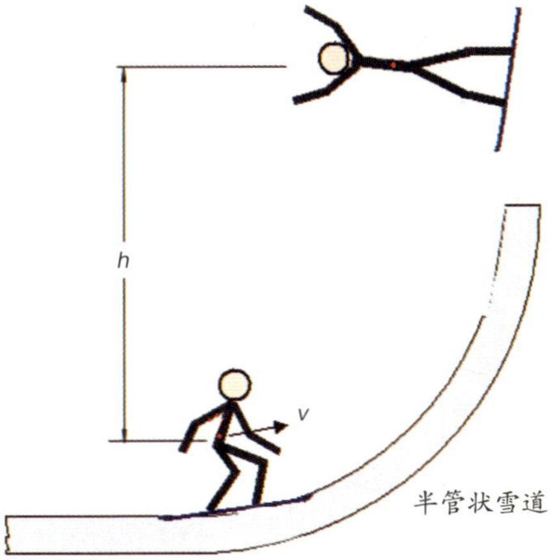

运动员在池底的速度越快，就具有越大的动能，上滑时动能转化成势能，就能跃得更高

半管道（U形池）是一个U形的碗状坡道，运动员利用一块滑雪板，在规定的U形场地内借助滑坡助滑起跳，利用身体和双脚来控制方向，在一次又一次的升高、下降的循环中，运动员在三维空间中交替进行难度极大的动力性和静力性动作，同时还要表现出炫目的人体美和运动美。

美国北伊利诺伊大学的工程学教授布里亚诺·科勒（Brianno Coller）在赛场解释说：“速度决定高度，你要是能达到那个速度，你就能达到那个高度。”

物体位置越高，储存的能量就越大，我们把这种能量叫作“势能”。当物体落下时，势能可以转化为动能等其他能量。动能是与物体的质量和速度有关的。但当物体不受阻力时，物体落下时高度越高，所得到的速度也就越大。相应地，物体在低处的速度越大，将动能转化成势能，就能使物体升得越高。

运动员跳得越高，就越有可能完成复杂的动作。跳跃高度的获得，意味着势能的增加，势能在运动员进入U形池后转化成动能，使运动员有了足够的速度，为下一个动作的完成创造条件。

每一次循环，运动员都要改变两次方向。当运动员在池底时，必须将一个方向上的冲力转变成另一个方向

的冲力。在池底，运动员所受离心力超过重力的2倍。对于肖恩·怀特来说，为了完成在池底的反转动作，他必须承受自身重量加上这个外力。

为了减少向心加速度产生的力，工程师不断优化U形池的尺寸，使它有更大的半径，更大的半径也就意味着要筑更高的墙。当单板滑雪U形池在1998年奥运会上首次亮相时，墙的高度远远低于现在。但是随着冬季奥运会一届届地举行，U形池变得越来越大。墙的高度从3.6米增加到4.6米，再到5.5米，最后，在2014年索契冬季奥运会上，工程师建造了一个高6.7米、宽20米、长170米的U形池。

使速度和空间最大化的U形池设计让肖恩·怀特这样的单板滑雪运动员突破自身技能的极限，将这项体育运动推向新的高度。

“飞鱼大战”中的流体力学

男子 100 米自由泳比赛一直被认为是泳池中的“飞鱼大战”，历史上这个项目的金牌长期被欧美国家的选手垄断，而 2015 年 8 月 6 日在喀山举行的第 16 届世界游泳锦标赛男子 100 米自由泳决赛中，一位亚洲人以47秒84的成绩夺得了冠军，吸引了全世界的目光。他就是当年 22 岁的宁泽涛。这不禁让人好奇，这位“亚洲飞鱼”为什么能游得这么快呢？在《游泳》杂志对宁泽涛的教练叶瑾的一次采访中，叶教练一语道破天机，宁泽涛“并不是能力有多强，力量有多大，而是靠技术起家的”。游泳游得快竟然不是靠力量？游泳技术究竟有怎样的奥秘呢？

成为游泳冠军的第一步——浮力与重心

要想学会游泳，第一步就是要学会“浮”。众所周知，当一个物体浸在水中时，物体会受到向上的浮力，浮力的大小等于物体排开的水的重量，物体所受浮力的作用点即为浮心。浮力的发现有一个有趣的故事。据说古希腊国王要求阿基米德鉴定皇冠是否为纯金且不

能破坏皇冠，阿基米德为此困扰多日也没能找到方法。直到有一天，他在洗澡时发现，当跨进澡盆里时，澡盆里的水面会上升，由此受到启发。他通过测量皇冠放入水中的排水量鉴定了皇冠的真假，也发现了阿基米德原理，奠定了流体静力学的基础。

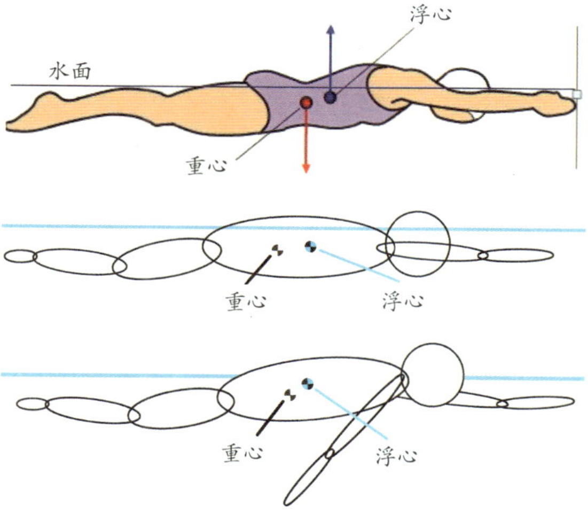

游泳姿态的改变，比如手臂前伸与否，能够影响人体浮心的位置。运动员两只手臂前伸时，浮心位置远位于重心之前，而当一只手臂后撤，浮心位置则随之向后移动

认识了浮力，接下来我们来想一想怎样利用浮力在游泳时平稳地漂浮在水面上。首先要考虑的问题是如何利用浮力来控制人体在水中的沉浮。在游泳时，人体同时受到重力和浮力的作用。人体的平均密度与水的密度相差不大。当人吸入充足的空气时，胸腔会扩大，也就是人在水中的体积增加了，排水量随之增加。根据阿基米德原理，人受到的浮力变大，身体也自然就浮出水面了。同样的道理，当人呼出气体时，身

体就会下沉。在游泳时，身体在水中漂浮的高度十分重要，浮得高有利于顺利完成换气和移臂动作。因此，游泳时吸气要快速且充分，吸气后憋气一段时间，然后缓慢呼气，再迅速吸气。通过这样的呼吸节奏，尽量保持胸腔处在扩张状态，可以帮助人体浮在水面上。

如果只考虑浮力与重力的大小关系，只要控制好呼吸就足以让我们在水中沉浮自如。但是，要成为一名游泳运动员，除了要考虑浮力，还要考虑浮心。浮心在游泳中有什么意义呢？人体重心的位置位于人体各部分所受重力合力的作用点，方向竖直向下，而浮心的位置则位于人体浸入水中的体积的中心，方向竖直向上。重心与浮心这两个位置通常并不重合，因而重力与浮力也不在同一直线上。像重力与浮力这样作用于同一物体上的一对大小相等、方向相反且不共线的平行力叫作“力偶”，力偶会使人体翻转。因此，在游泳时，为了更稳定地漂浮在水面上，要随时调整身体姿态，使重心位置和浮心位置尽可能靠近。如第 47 页上图所示，手臂前伸时浮心位置靠前，此时如果人体重心位于浮心之后，则人体会逆时针翻转，可以通过收回手臂让浮心位置向后移动。相反，如果将手臂完全收回放于身体两侧，则浮心位置会位于重心之后，此时身体会顺时针翻转，需要将手臂向前伸出以做调整。

“平、直、尖、紧”——流线型的奥秘

游泳时，通过改变手臂的位置，不仅能调整浮心位置，还能改变人在游泳时受到的阻力。

在游泳时，人体与水发生相对运动，由于水的黏性，与人身体表面直接接触的水分子层会随人体一起运动，与

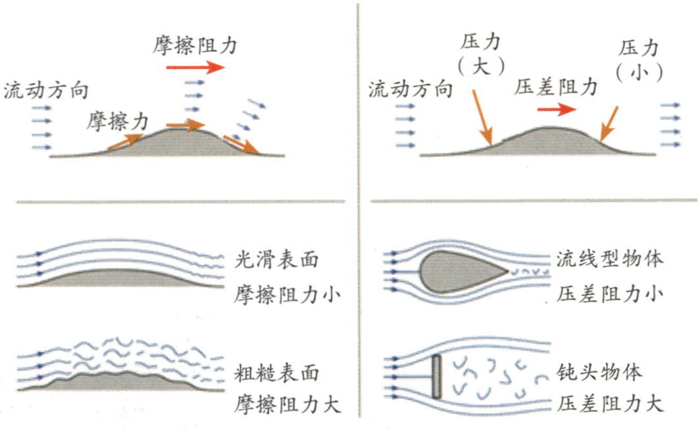

左图展示了水流绕过物体时产生的摩擦阻力。在流过光滑表面时，水流稳定，而在流过粗糙表面时，会产生很大扰动。右图展示了水流绕过物体时产生的压差阻力。当水绕过垂直于水流方向的平板时，在平板后方产生大量漩涡，而当水绕过流线型物体时，后方漩涡极少

梯度：一个系统内某处某一物理参数的梯度是一个既有大小又有方向的概念，表示该物理参数的变化率。该物理参数变化率最大的方向为梯度方向。

外层的水之间发生摩擦，进而带动外层的水也向前移动。在这一过程中，由于水分子之间的摩擦，会产生一个与运动方向相反的摩擦阻力。要想减小摩擦阻力，就要让物体表面尽可能光滑，所以，在游泳时穿着表面光滑的泳衣、戴上泳帽，正是为了减小摩擦阻力。

除了摩擦阻力，人在游泳时还受到压差阻力的作用。当水流绕过一个物体时，在物体的上、下、左、右四个方向上，水流需要“挤”着通过变狭窄的空间。水接触物体表面时，接触面的水流速度为零，越往外水流速度越快。从接触面往外至水流速度不受黏性影响的位置之间，是速度变化梯度很大的边界层。边界层里的水流在绕过物体后，会在物体后方发生剥离，一部分水继续往后流，另一部分水产生回流，形成回流区或旋涡。这些旋涡会导致极大的能量损失，产生很大的阻力。这就是我们所说的压差阻力。

如果物体后面的形状是一个细长的圆锥体，就无法形成回流区或旋涡，也就能减小压差阻力。我们把前端圆钝、后端细长的圆锥体，叫作“流线型物体”。游泳训练中所强调的“平、直、尖、紧”，是让人的身体尽量接近流线型，以减少游泳时在身体侧面和后面产生的旋涡，从而减小压差阻力。

划水与打水——游泳推进力的来源

看到这里，也许聪明的你会问：光是减小阻力就能游得快吗？游泳的推进力是从哪儿来的呢？如果推进力增大，是不是同样能提高游泳的速度呢？答案是肯定的。要想游得快，光减小阻力是不够的，还需要尽可能地增加推进力。叶教练提到宁泽涛的手脚协调得好，正是指宁泽涛游泳时产生的推进力比较大。

根据牛顿第三定律，两个物体间的作用力和反作用力，总是大小相等、方向相反。游泳时，手掌以一定的迎角划水，对水施加作用力，而水也将产生一个与手掌运动方向相反的阻力和一个与手掌运动方向垂直的升力，即手掌划水所产生的阻力和升力，这两者的合力是水对

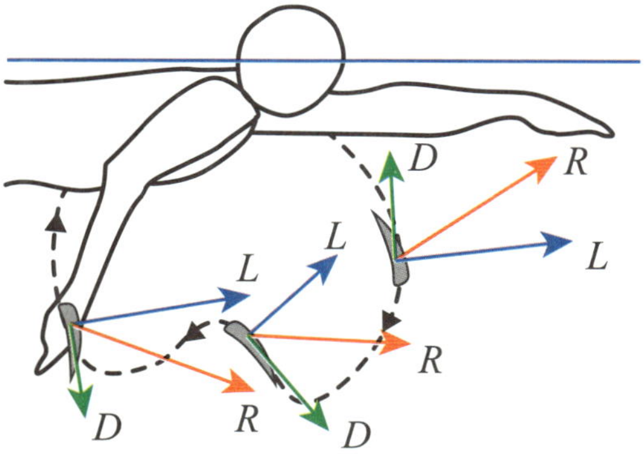

当划水时，手掌以一定的轨迹在水中运动，就好像飞机的机翼一样。这时，水会在手掌上产生两个力：升力（蓝色箭头，L）和阻力（绿色箭头，D）。而红色箭头就是它们两者的合力（橙色箭头，R）。无论手掌在轨迹的哪一段，这个合力总是指向游进方向，也就是说，它总是在产生向前的推进力（图片来源：real-world-physics-problems.com）

手掌的反作用力。该合力在游泳方向上的分力正是游泳推进力的来源。游泳时脚的运动对游泳推进力的贡献与手相似。当用脚拍打水时，脚掌与水同样存在相对运动，产生阻力和升力。要想游得快，就需要尽量增加手掌划水和脚打水所产生的推进力。

一指之差——游泳手型探秘

由于游泳运动中划水动作是产生推进力的最大因素，几十年来，游泳研究者试图通过各种方法来分析和研究划水动作。然而，传统的实验方法具有一定的局限性，比如成本高、实验难以重复等。随着计算机技术的发展，计算流体力学（Computational Fluid Dynamics, CFD）作为一种高效的对流体力学进行研究的方法，逐渐被应用于游泳的研究中。

如果你学过游泳，你游泳时是五指并拢，还是四指并拢、大拇指分开，又或者是五指都分开呢？也许你会觉得这个问题问得有点莫名其妙，一根指头这么小的差别，能对游泳中的推进力产生多大影响呢？可正是这指头间的微小差异，带来了划水效率的巨

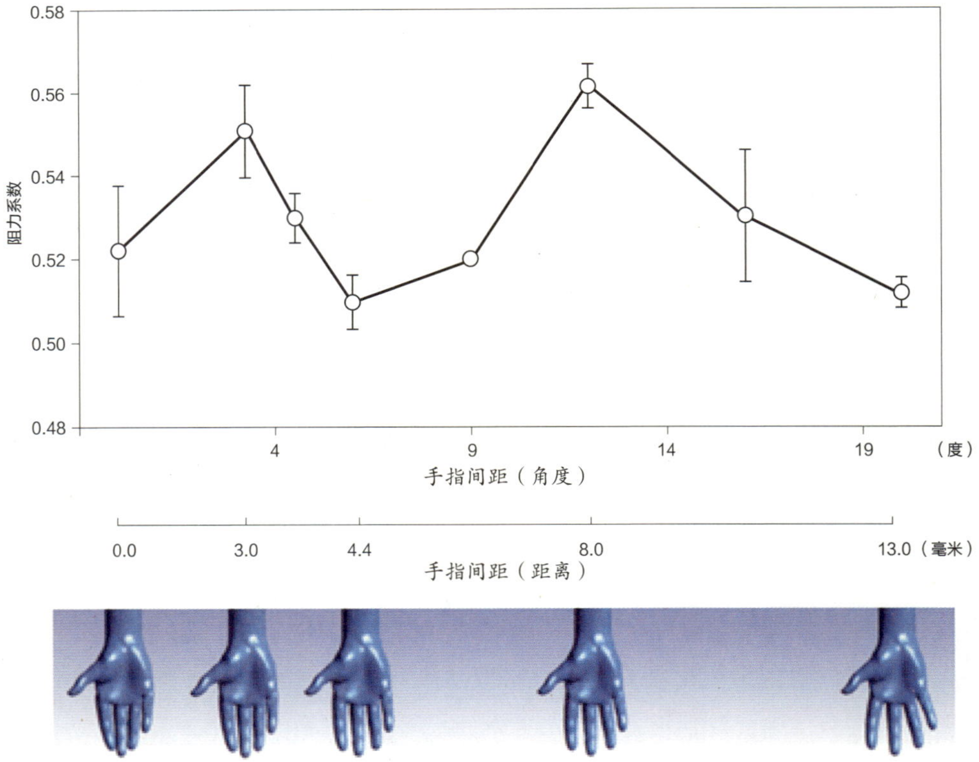

上图为不同指间距与阻力系数之间的关系示意图。阻力系数越大，获得的推进力就越大，手指间距为3毫米和8毫米时均能获得较大的推进力，8毫米时手掌产生的推进力最大

大差别。是不是特别想知道哪种手型能游得更快呢？

CFD 模拟计算显示，游泳时五指张开越大，阻力和阻力系数反而越小，这不利于产生推进力。相反，如果五指并拢，则具有较高的推进效率。那么，是不是五指并拢就是最佳的划水方式呢？答案是否定的。意大利米兰大学的阿尔贝托·米尼缇等人通过在建模时调整模型的指间距观察到，在相同的划水速度下，指间夹角为 12°、指缝距离约 8 毫米时，推进效率最高。通过观察 CFD 模拟计算的流场视图可以探究其中的原因。当手指完全闭合或完全打开时，手掌背面的尾流区都比指间夹角为 12°时小，而大的尾流区则意味着更大的推进力。

为什么流线型是前圆后尖？

当流体绕过物体前端时，一开始流道是变窄的，在这一区域并不容易产生边界层剥离，因此，头部的形状稍微有些变化对流动影响并不大。但当流体绕过物体后端时，流道迅速扩大，容易产生边界层剥离，所以尾部尖非常重要。那为什么流线型不是前尖后尖呢？主要是考虑到来流方向不是沿物体前进方向的情况。当流体流动方向与物体前进方向呈一定角度，在一开始绕过物体时就会有一面的流道发生扩展，如果头部太尖，同样容易在这个区域产生漩涡。因此，为了适应各个方向的流动，流线型是一种前圆后尖的形状。

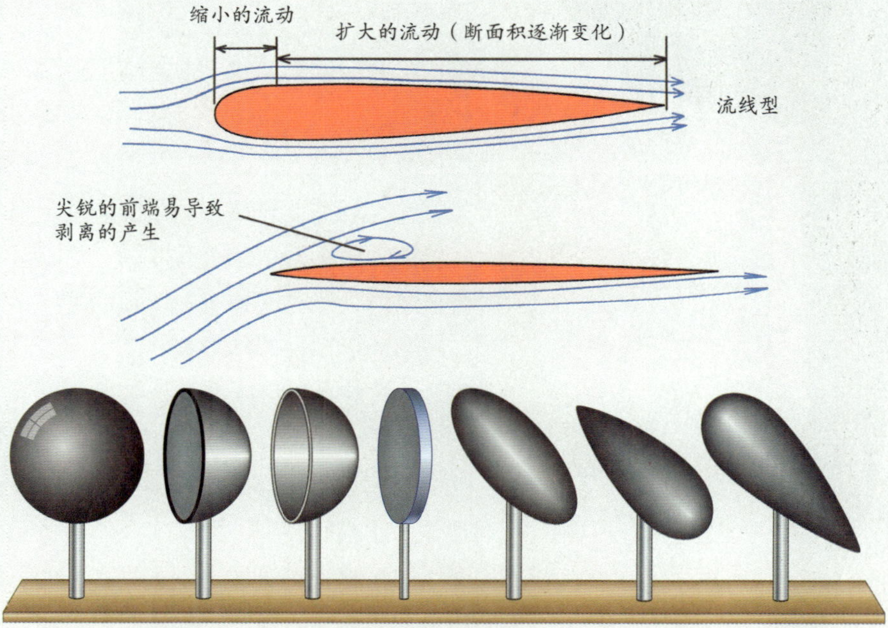

通过各种形状物体在风洞中的实验，证明前圆后尖的流线型对流体的阻力最小

身体塑造与运动

当挑选运动员的时候，先天的身体条件无疑会左右教练的判断。是什么样的身体从事什么样的运动，还是从事什么样的运动就能拥有什么样的身体呢？回答这个问题，可能需要了解运动对身体的塑造。我们耳熟能详的那些运动项目到底锻炼了身体的哪些部位？

运动的身体偏好

你可以从事任何喜欢的运动，你的喜好可能来自你对运动的了解、观赏的乐趣以及周围人的参与。你有没有考虑过某些身体条件在运动中的天然优势？体操运动员需要具有较好的灵敏度和柔韧性，兼具力量和协调性；身材高大、弹跳力强和手掌宽大是成为一名灌篮高手的最佳条件；优秀的弹跳力、柔韧性和平衡感对花样滑冰运动员非常重要；而田径运动员往往需要比较综合的身体素质。

田径是体育运动中的一大分支，跳高、跳远、铅球、标枪、跑步等都在其中。也许你早已在观看体育比赛时发现，百米飞人的身材和马拉松选手的身材有着天壤之别。确实如此，如果把田径项目细分，就能够更清楚地了解运动项目和身体类型之间的关系。百米健将需要大量

左图为短跑运动员，
右图为中长跑运动员

的白肌纤维，因此通常拥有发达甚至肉眼可见的成束的肌肉。他们下肢长且大腿比小腿略短一些，脚踝较细，跟腱长而且清晰可见，骨盆的宽度适中。而比拼耐力的中长跑运动员主要需要红肌纤维，他们的身材并没有显得特别强壮，而是体态匀称，甚至有些纤瘦，具有较低的体脂率。

这时，你或许已经意识到，运动有很多分类，不同的运动需要身体发力的部位不同，锻炼的部位也不一样，因此，你可能在某类运动中有一些优势，而同时，运动本身也塑造了你的身体。

训练配方

如果你发现了一项与你的身体类型特别契合的运动，那就大胆尝试吧，也许你就是为这项运动而生的“天生型”选手。对大多数人，特别是青少年来说，身体条件并没

有悬殊的差距，身体类型也还没有确定，可以通过科学的训练，让身体更适应自己喜爱的运动。

以短跑为例，要想力拔头筹，下肢肌群的力量训练是不可或缺的，特别是下肢屈肌的力量训练，比如髂腰肌的力量和大腿后部胭绳肌的力量。此外，不能忘记的还有在落地时起到缓冲作用、在奔跑中保持身体重心平稳的下肢离心肌力，因为这些辅助肌群同样会影响短跑成绩。

重复训练法，又称低乳酸训练法，是短跑运动中常用的训练方法。这种训练每组的练习时间不超过 10 秒，在 10 秒内用最大的速度奔跑，每组之间的间隔时间为 4~5 分钟。这样的重复训练能够提高人体磷酸原的供能能力。要增加肌肉快速收缩和舒张的转换能力，则需要通过提高步频来实现。最简便的方法就是下坡跑和顺风跑。特别提示，11~13 岁是提高步频的最佳时期，请跑起来吧！

神经系统的锻炼

对于动作比较复杂、比赛形势瞬息万变的比赛项目，光有过人的体格是不够的，神经系统的机能也需要同步提高。最典型的例子就是球类运动。无论是篮球、足球运动员，还是羽毛球、乒乓球、网球运动员，都必须根据对手和同伴的行动以及临场的情况随机应变。因此，球类运动对运动员神经系统的锻炼效果较为显著。在球类对抗比赛中，运动员的注意力高度集中，这对中枢神经系统的训练有着良好的效果。有研究显示，篮球、足球、手球运动员对光线和声音的反应潜伏期都比较短。球类运动还能对人体的感觉器官，特别是对视觉感受器、本体感受器和位觉感受器，进行很好的训练。比如，球类运动员判断物体在空间中的运动状态的空间视觉技能比其他项目的运动员更强，其中网球、羽毛球、乒乓球、棒球、垒球运动员的空间视觉技能最为精细。而篮球运动员则能够拥有非常敏感的腕关节，

这使得选手即使在不看球的情况下，也能通过手腕、手指、手掌、手肘、肩等部位的感觉来控制篮球，完成运球的动作。

冰雪的洗礼

冰雪运动由于季节性的特点，对人体机能的影响也有自己的特色，比较突出的就是冰雪运动能够促进人体心肺功能的发展，也能加强人体的代谢。在寒冷的环境中运动时，为了对抗严寒，人体的内分泌系统会发生一系列变化，甲状腺分泌的甲状腺激素的增加能够加快人体的代谢，从而增加人体产生的热量。与此同时，人体的交感神经系统会调动人体释放肾上腺素和去甲肾上腺素，从人体储备的脂肪中释放出自由脂肪酸，进一步增加人体产生的热量。此外，在冰雪运动中，人体对寒冷环境的生理调节也能提高运动员调节体温的能力。

需要特别注意的是，寒冷的运动环境需要参与者更加小心地预防运动伤害和冻伤。比如，进行滑雪运动时，一定要穿着多层、吸汗排汗迅速的衣服，戴上帽子和手套，注意保暖。同时还需要佩戴雪镜以保护眼睛。

奥运冠军的心流

想象一下，在奥运会跳台跳水决赛中，你站在跳台的边缘，全神贯注，脑海里呈现出你要做的复杂的翻转和旋转动作。观众席安静了下来，可是，正当你屈膝腾跃时，有个人打了个喷嚏。你一走神，突然间记不清自己该做什么动作了，你的手在颤抖，仿佛体育馆里所有的人都在盯着你，就等着看你失败。为了奥运会的一瞬，你苦练多年，可眼看你就要把它搞砸了。你跳下跳台，用力地旋转着身体，可还是漏掉了翻转的动作，接下来你知道自己在全世界面前栽了。你的成绩以零分告终。

金牌或许可以通过身体条件赢得，却也可能会因为心理因素失之交臂。运动心理学家利用大脑工作的原理帮助运动员进行心理训练，使他们在最重要的时刻表现最佳。无论是为自己的国家而战，还是为校队比赛，又或是和朋友在公园消遣，这些简单的技巧都很有效。了解这些技巧，没准有一天你也能成为冠军呢。

动机导向

奥运心理源于动机，也就是运动员实现目标的愿望。那么问题来了，实现什么样的目标呢？心理学家已经确定了两种不同类型的动机，它们对人的表现有着不同的影响。第一种叫作“内在动机”，它是因为自身的缘故而做某事，纯粹是为了快乐（比如，我练体操是因为它好玩）。第二种叫作“外在动机”，它是为了获得奖励而做某事（比如，我练体操是因为想赢得奖杯，或者给父母留下好印象）。同样，“自我定向”的运动员倾向于通过对比他人的表现来衡量自己的成功，因此他们往往很关注获胜；而“任务定向”的运动员则通过对比自己的表现来衡量自己的成绩，因此他们主要关心的是自我完善和对技能的掌握。

心理学研究表明，如果教练能够营造“任务定向”的训练环境，为鼓励运动员掌握自身技能设定训练目标，而不是关注不惜一切代价的取胜，他们就可以提高运动员的内在动机。这样做能够减少运动员在比赛中的焦虑和压力，增加他们对运动的热爱。区别不仅于此，美国奥林匹克委员会的资深运动心理学家肖恩·麦凯恩（Sean McCann）说：“只想赢得比赛是不够的，因为人人都想获胜。愿意每天进行艰苦的训练，尽力将任务完成到最好的人，才能获得成功。”

心想事成

奥运心理的第二个部分是想象力。闭上眼睛，试试这个练习：想象自己在奥运会 100 米决赛的起跑线上，感受脚下的跑道，当发令枪响的那一刻，你的身体爆发出动作，你看到自己的身体向前倾，随着双腿加速，你感觉身体每一块肌肉的张力拉着你冲向终点。信不信由你，你真的跑得更快了。

“尽管你的肌肉没有动，”麦凯恩解释说，“可大脑的启动方式和你真正跑步时的方式一模一样。大脑的某一部分用得越多，它就越擅长做某件事。”这就如同虚拟现实，无论你是真的在做某事，还是只是想象，大脑的同一部位，同样的神经通路被激活了。那部分大脑变得越强，你掌握技能的能力就越好。这就好像带着你的思想做运动，而忘记了你的身体。

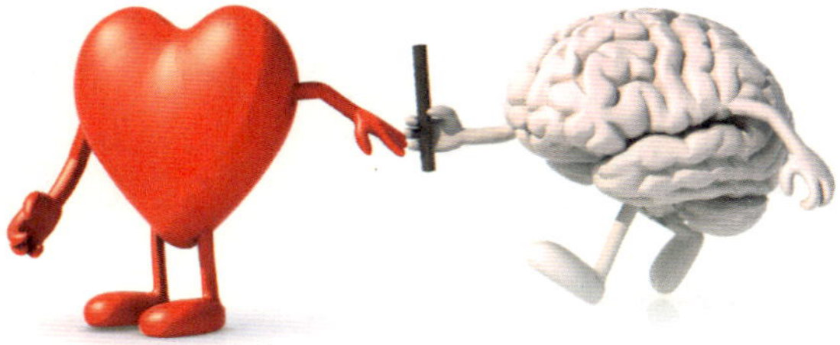

情绪控制

奥运心理的第三个部分是控制情绪的能力，尤其是控制人在比赛中感到的紧张或焦虑。当人紧张的时候，身体就进入了所谓的“非战即逃”的模式（部分神经系统让人的身体做好准备，要么迎战潜在的危险，要么赶紧逃之夭夭——就好像大脑里的紧急警报）。当人处于这种模式时，心律会加快，意识也会增强，自身会变得更强壮、更快、更警觉，就好像吃了颗“超级英雄丸”。但是如果人过于焦虑，整个系统就都关闭了。想象一下一级方程式赛车，燃料太少时，赛车无法到达终点，而燃料要是太多了，在比赛过程中则有可能爆炸。运动员就和赛车一样，也需要适量的情绪燃料，使他们进入巅峰状态。

由于个体差异和运动项目不同，每个人所需的情绪燃料也不同。举重运动员将 200 多千克的重物举过头顶所需的情绪燃料和射箭运动员击中 100 码（1 码≈ 0.91 米）开外的目标所需的情绪燃料就不同。前者需要让自己的精神紧张起来，而后者需要镇静情绪。曾与英国奥运代表团合作过的知名运动心理学家皮特·林赛（Pete Lindsay）说：“奥秘在于当这些情绪发生的时候，我们要能意识到，并能控制住情绪。压力只是你的身体正在为行动做准备。如果你能学会把压力当作动力，它就能变成一股巨大的积极力量。”

心无旁骛

奥运心理的最后一个部分就是专心，它是排除一切不需要的干扰，专注于正在做的事的能力。运动心理学家利用大脑注意力系统（能让人专心做事的那部分大脑）的工作原理帮助运动员在关键时刻保持注意力。

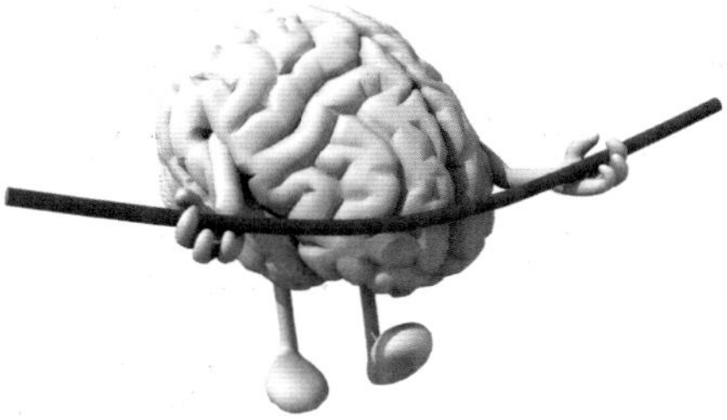

注意力系统其实就像太空船的牵引光束（从飞船延伸出去的能量射线，能像磁铁一样把物体吸引过来）。我们可以让“牵引光束”指向任何我们需要注意的地方。例如，我们要从高高的跳水板上翻转下去，但是只要有什么其他的东西吸引了我们的注意力，“牵引光束”就立刻指向那个让我们分神的东西，比如：刚刚是不是有人打喷嚏了？我要是搞砸了怎么办？突然间，你的注意力分散了，你无法百分之百地将注意力放在比赛上。就像麦凯恩解释的那样：“同时做几件事情时，我们的操作能力会变差。要想做得最好，你只能全神贯注地做一件事。”

但是，这并不容易。拥挤的人群、突如其来的噪声，甚至你自己的想法，都能随时分散你的注意力，你也就无心比赛了。幸运的是，运动心理学家已经开发出一些关键技术帮助运动员保持注意力集中——注意呼吸、和自己交谈、举行赛前仪式。但是，麦凯恩相信，对运动员来说，最重要的是要清楚自己的思想。“我们如此依赖‘自动驾驶模式’，以致当你真正思考时，你不会意识到自己已经分散了注意力。我们90%的任务是帮助运动员意识到自己在何时失去了注意力。”麦凯恩说。

当奥运心理的所有这些部分一起作用时，神奇的事情就会出现。心理学家称之为“心流”，你可能没有听过这个词，但是你应该知道它的另外一个名字——“随心所欲”。当你全身心投入、毫不费力地做事时，内心没有杂念、没有恐惧，时间变慢了，一切都倍感轻松、清清楚楚。在体育运动中，这是最理想的精神状态，运动员在此时的表现绝对是最佳的。不过“心流”也可以出现在各行各业：当伴随自己最喜欢的歌曲翩翩起舞的时候，你忘记了自己身在何处；在学校里解出一道难题时，你失去了所有的时间感。那时你很可能正沉浸在意识“心流”的状态，你已随心所欲。

进入随心所欲状态的奥秘就是你要朝着实现更高目标的方向，一点点地、不断地给自己施压，在挑战自己的同时还要有兴趣。“心流”不会在你紧张的时候出现，也不会在你不惜一切代价、志在必得时出现，它只在你发自内心地享受过程的那一刻出现。你不仅可以在运动中得心应手，在生活的各个方面你都可以进入那样的状态。每天遵从自己的内心动机完善自我，用你的想象力意想自己的成功，控制自己的情绪，让它们为你服务，学会排除干扰，全面集中精力做事。这样，你就具备了奥运心理，不论做什么事，你都会成为冠军。

如何正确处理运动损伤？

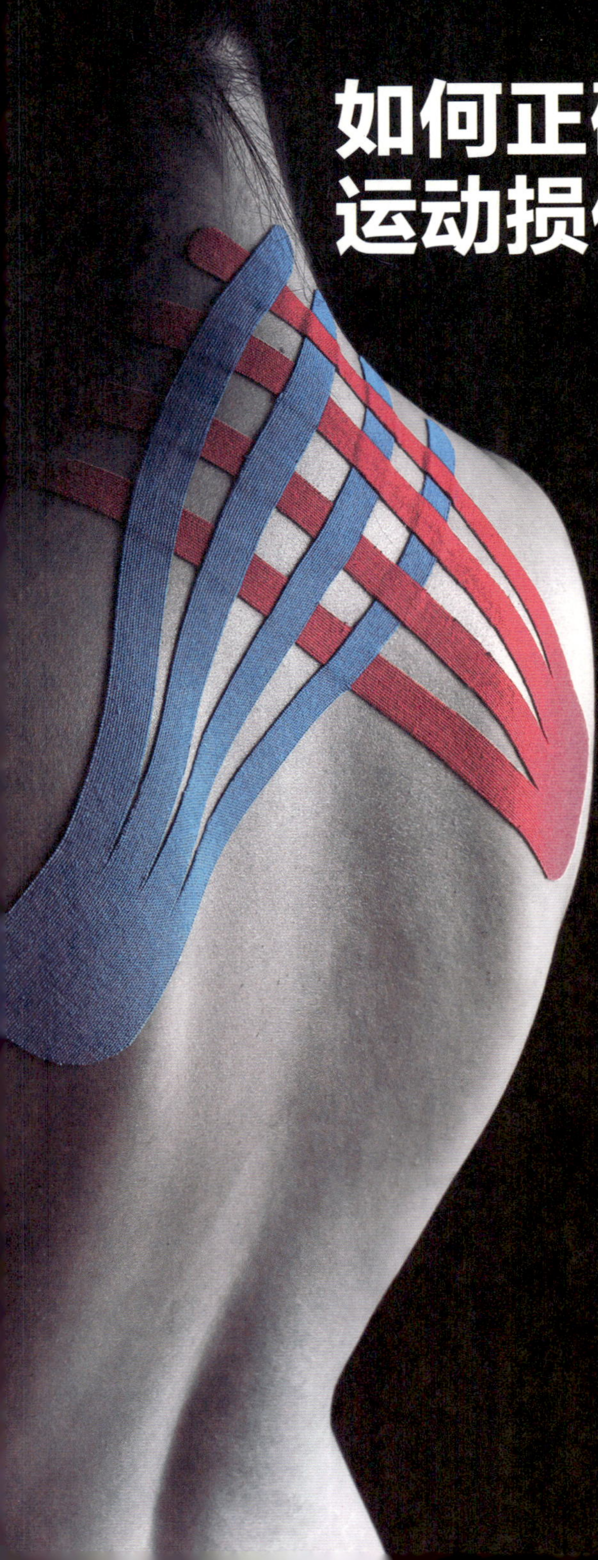

从肌肉平衡到杠铃平衡

一名举重运动员获得了 2015 年美国国内举重比赛冠军争夺赛的资格。在国内比赛中表现优异才能让他有机会出现在美国国家举重队中。为了进入国家队，他准备挑战挺举 184 公斤的重量。但是随着训练重量的增加，问题出现了。他每次尝试大的重量时，背部就会拉伤。这个问题几乎终结了他的奥运梦，直到遇到了威廉姆斯医生。

关于引起这个举重运动员背部拉伤的原因，威廉姆斯有自己的看法。“优秀的运动员有出色的代偿能力。

他们非常善于掩盖身体的疼痛从而避免身体损伤。”威廉姆斯解释说，“意识是以任务为主导的。如果你决定尽可能快速地跑完 100 米，尽管你的机动性或者从某种意义上来说你的稳定性是受限的，你的身体也会想办法完成这个任务。你的身体会尽力避开你的局限性。所以对于优秀的运动员来说，他们的动作必须被分解为非常基本的步骤，才能看清他们的身体可能掩盖的弱点。”

为了分析这名举重运动员，威廉姆斯对他做的一些蹲起动作进行观察，这项训练会引起他的背部拉伤。“和一般人相比，他能出色地完成负荷蹲起而不让他的臀部出现丝毫的不对称。看他举起杠铃时的后深蹲，你永远不可能发现任何问题。”威廉姆斯说。但是他的病人总觉得背部右下方有拉伤。威廉姆斯怀疑这名举重运动员在代偿他的右侧核心肌群的力量时出现了不足。

“我意识到他缺乏稳定性。”威廉姆斯说，“我通过让他做一些简单的基础动作发现了这个问题。我让他用左腿做单足蹲起，观察他的臀部和膝盖的位置，可以看到他左侧的力量很强并且可以完全控制。当用右腿再做同样的动作时，他无法完成。他的臀部力量和运动控制不对称。”换言之，就是这个举重运动员的左侧身体很强壮而右侧比较薄弱。这种力量和运动控制的不对称使他在试图匹配强壮的左侧核心肌肉时出现右侧核心肌肉的拉伤。

找到了问题的根本原因，解决方法就很清楚了。这个举重运动员开始锻炼强化比较薄弱的右侧核心

人体的力量中心

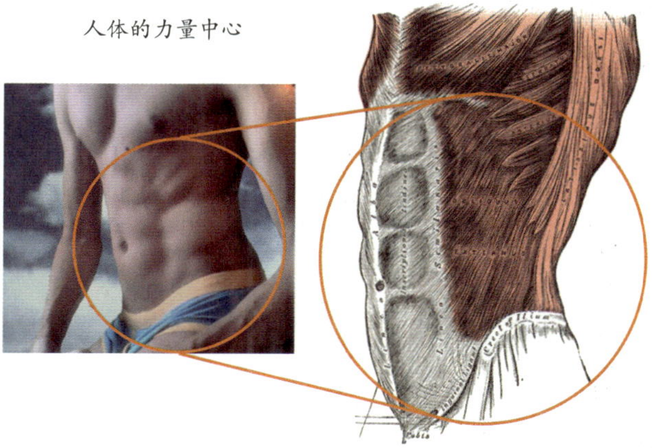

核心训练方法：单足蹲起

人体的力量中心被称为“核心”，涵盖肩关节以下、髋关节以上包括骨盆在内的区域，核心肌群包括下背、腹部、臀部和骨盆的肌肉，共有 29 块。核心肌群必须串联工作才能维持平衡并保证其他肌群的稳定性，以使整个身体良好工作。单足蹲起是常用的核心训练方法，交替进行单足蹲起能够平衡训练人体左右两侧的核心肌群，有效强化核心

肌群。“我把所有的重点都放在他的右腿上。”威廉姆斯说，“我们把右腿独立出来做单足蹲起、一系列神经运动控制练习，以及总体核心肌群强化训练，共计八周。经过四周，他负重蹲起比之前的最好个人成绩多了 30 磅（1 磅 ≈ 0.45 千克）。他不仅解决了背部拉伤问题，而且还提高了成绩。”

补充说明：这个举重运动员的最新成绩是挺举 197 公斤。他进入国家队的希望被重新点燃。

关节损伤——每天都要面对

威廉姆斯的另一个病人是一个很有天赋的篮球运动员。她从 13 岁就开始从事这项运动，不幸的是，她很快就出现了成年运动员要面临的问题。

“多数年轻女性运动员是过度活动的。”威廉姆斯说，“你听过‘双关节’这个词吗？这就是过度活动引起的。它的意思是关节活动过度而稳定性不足。对于那些过度活动的篮球运动员来说，肩关节脱位并不少见。”但他的这个病人肩关节脱位不是一次而是三次。此外，她的肩关节软组织还撕脱过两次，并且每次都需要手术治疗。

现在要想理解她的治疗中锻炼的重要性，最好先了解：肩部包含身体中最复杂的关节之一，并且连接在身体最脆弱的肌肉系统上。一个人的胳膊必须有一定范围的活动度。

想想看需要胳膊运动的体育项目：铅球、仰泳、摔跤、乒乓球等。所有这些项目的胳膊运动方式都不一样。一些运动需要爆发力，一些需要

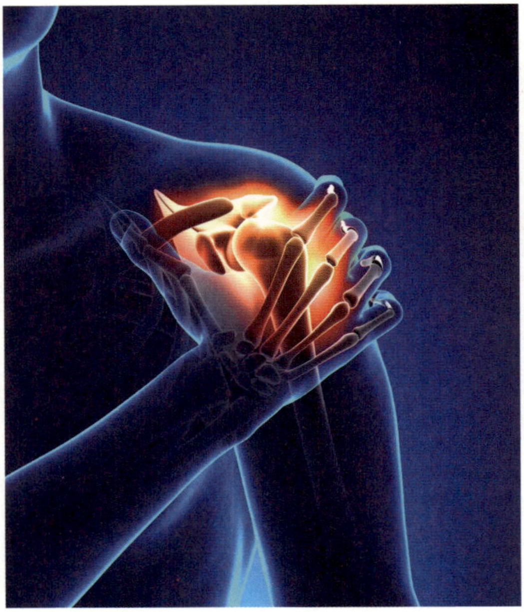

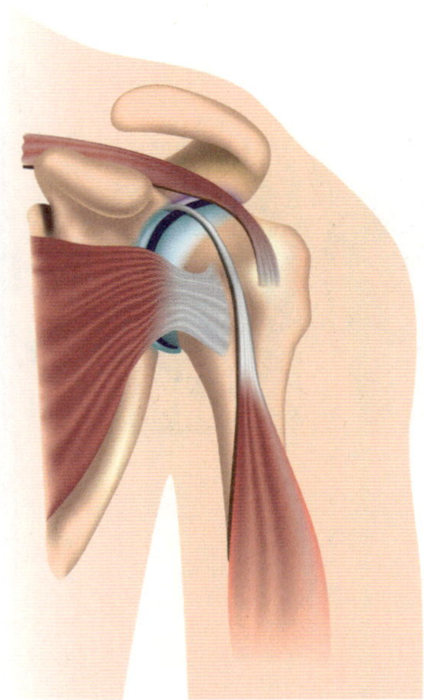

精确控制。但是这些都是靠连接在肩膀上、能自由运动的胳膊完成的。

这个篮球运动员的悲剧来自连接肩关节和固定胳膊的肌肉力量不足。肩关节其实就是肩胛骨上的一个小凹槽。肱骨（上臂骨）就嵌在这个小凹槽里。这个上臂/关节连接通常被称为“球窝关节”或者“球座上的高尔夫球”。

如果你能画出那幅图像，就会明白你的胳膊之所以没有从肩膀上掉下来，就是因为你的肌肉。有一点对于所有运动员来说都很重要，尤其是篮球运动员以及其他球类运动员，那就是这些肌肉必须保持强壮。强壮的肌肉才能稳定肩关节。

不幸的是，对于这个年轻的篮球运动员来说，反复的肩部损伤，严重地削弱了肌肉的力量。威廉姆斯补充说：“任何部位反复撕裂都会削弱它的力量，使它更易于受损。”

但是，除了对这名篮球运动员进行必要的力量恢复训练，还必须重新恢复她的肌肉运动知觉和肩膀的本体感受器的敏感度。

正常人都有肌肉运动知觉。这就意味着从一定程度上来说大脑知道手、脚、腿和胳膊分别处于什么位置上。比如说行走。我们在混凝土地面上大步前行，走进沙地，穿过草地，再回到混凝土地面上，都不会失去平衡。我们做这些的时候甚至都不会有主动的感知。不管物理环境如何改变，我们的关节中都会有“陀螺仪”或者“感受器”使我们保持平衡和稳定。

“肩关节周围的软组织有本体感受器。”威廉姆斯说，“感受器可以‘读出’关节的运动并通过自动循环将反馈传递给大脑（这就是说人并不需要有意识地去做），提醒大脑该关节处于什么位置。随即大脑‘激活’

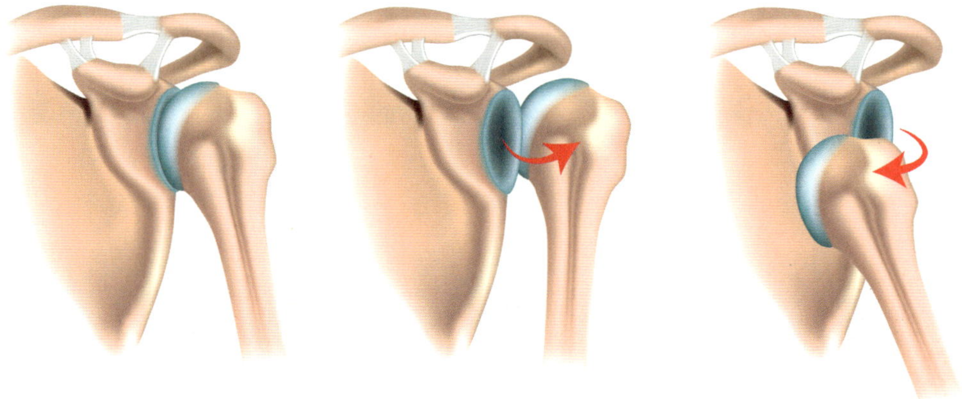

肩关节在肩胛骨的凹槽处，由肌腱、肱二头肌、冈上肌、肩胛下肌等与肱骨、锁骨、肩胛骨等连接。剥去肌肉可将肩关节结构抽象成球窝关节模型，能更直观地看出：肩关节是一种活动度非常大的关节，保证了手臂的灵活，然而这种球窝结构完全由附着其上的肌肉固定，很容易就会发生脱臼或活动过度的情况

肩部肌肉组织来维持肩部稳定。受损的本体感受器不能对运动做出快速反应并且反馈速率减慢。”

由于肩膀反复损伤，这名篮球运动员不仅丧失了肩膀的力量，肩关节本体感受器的敏感性也削弱了。这使她易于持续受损。所以通过训练，她不仅要恢复肩膀的力量，还要重新唤起她的肌肉运动感知。

“滑雪皇后”的韧带重塑

在加拿大温哥华举办的2010年冬季奥林匹克运动会中，林赛·沃恩（Lindsey Vonn）成为美国第一位获得高山滑雪速降金牌的女选手，70英里/小时（31.29米/秒）的速度也使她被称为“世界速度皇后”。但是在2013年奥地利阿尔卑斯世界冠军赛中，沃恩的右膝严重受伤。沃恩回忆说：“当我从山上跌倒时我就想：天哪，希望我还能参加索契冬奥会。”

美国高山滑雪运动员林赛·沃恩

根据诊断，沃恩的胫骨表面发生了骨折，同时她的膝关节中两根重要的韧带［内侧副韧带（MCL）和前交叉韧带（ACL）］还发生了撕裂。沃恩进行了ACL重建术，之后的七个月都没有能够出现在滑雪场上。

对于沃恩来说，这场意外是一个灾难。ACL损伤在滑雪运动中是最常见的。在滑雪运动中，无论是职业运动员还是非职业运动员，ACL损伤的发生率都是相当高的，甚至每七八个人中就有一个出现ACL撕裂。

美国康涅狄格大学健康中心的骨科专家和生物医学工程学教授凯托·劳伦辛（Cato Laurencin）对此非常熟悉，他的专长是膝关节和肩关节重建。韧带是骨与骨相连的结构。前交叉韧带，顾名思义，这根韧带位于前方，交叉指的是它

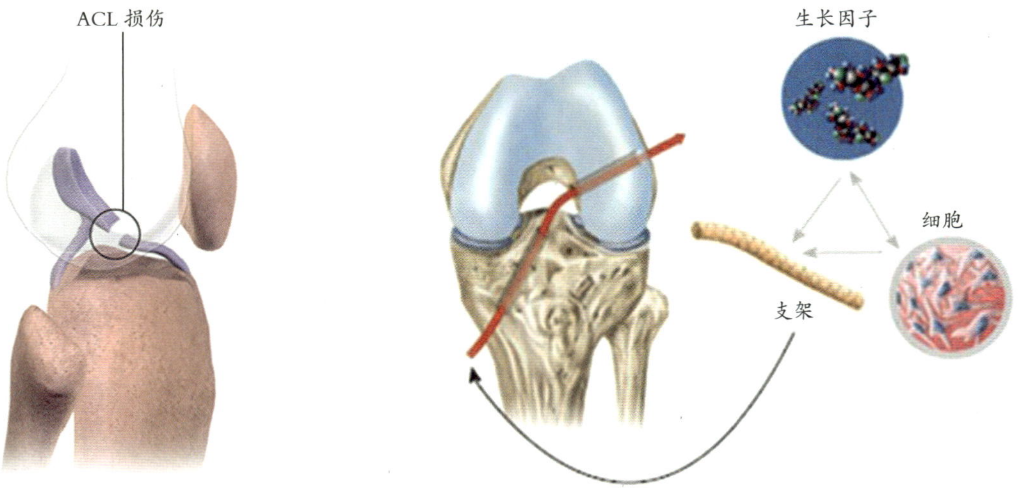

左图是 ACL 损伤示意图，右图是利用组织工程方法进行韧带修复的示意图

与另一根韧带是十字交叉的关系。ACL 连接股骨（大腿骨）和胫骨（小腿骨），并且为膝关节提供稳定性。由于 ACL 不能自己愈合，所以只能利用患者自身的或者尸体的生物材料通过手术来进行重建。这需要六个月到一年甚至更长时间才能完全恢复，然而运动员都希望能尽早回到赛场。沃恩实际上到 2015 年才复出，晚于预期。

在美国国家科学基金的资助下，劳伦辛正在寻找一种能够缩短愈合时间的可行方案，就是通过一种被称为“L-C 韧带”的可生物降解的支架，让患者再生出新的 ACL。L-C 韧带是通过组织工程合成的，这项研究的目标是利用合成或天然材料来修复并再生像韧带、肌腱和骨骼这样的生物组织。“通过了解细胞如何与材料发生反应，我们制造出能够植入人体的三维基质，从而再生 ACL。我们的目标不仅仅是制造出像 ACL 的材料，而且还要制造出能够成为 ACL 的材料。” 劳伦辛说。劳伦辛把这个工作称为“再生工程”，是组织工程的下一个阶段，包括利用材料科学、干细胞科学以及其他生物学来再生肌肉、韧带和肌腱。他的团队最新的一个课题涉及肩部旋转肌袖。“我们已经制造出很多种肢体组织，下一步我们要想办法把这些组织互相连接起来，制造出更复杂的组织。对于这个问题的答案，正如我们在再生工程中所说的那样，是非常复杂的。这不仅仅涉及材料领域，还包括使用干细胞，并了解启动干细胞分化的线索。”

劳伦辛 L-C 韧带的实验成果将帮助像沃恩这样的运动员更早回到赛场上。2018 年冬季奥运会上，沃恩在女子速降项目中获得铜牌。

第III章

[装备比拼]

- 智能冰刀
- 赛跑运动员的跑鞋
- 自行车赛中的“杀手锏”
- 残奥会的科技装备

OMEGA
PHARMA
S-WORKS
S-WORKS

智能冰刀

要想成为一名世界级的运动员，需要面临很大的身体挑战——一次受伤就可能毁掉整个运动生涯。这种情况经常发生在花样滑冰运动员身上。花样滑冰运动员在滑冰时，身体经常遭受重复性劳损。

花样滑冰运动员对物理定律做了惊心动魄的展示。当运动员在一个三周半跳后落地时，他们受到的冲击力相当于自身体重的 5~8 倍。所以一个重 55 千克（约 550 牛）的滑冰者在三周半跳后落地时，着地的那条腿将受到 2750~4400 牛的压力，而他们的身体只有 50~125 毫秒的时间来吸收这一巨大的力所带来的强烈冲击。

观察高速录像机拍摄的滑冰运动员落地那一刻的影像，你可以看到冲击产生的震荡使他们的腿部肌肉如涟漪般凸起。专业的滑冰运动员在一天的训练中至少要做 50 个这样的跳跃和落地动作。这些人可不是懦夫啊！运动中受到的冲击在练习中不断重复，会对他们的身体造成严重影响。

莎拉·里奇（Sarah Ridge）是美国杨百翰大学的教授和研究员。她曾是一名花样滑冰运动员，并且一直深爱这项运动。作为一位执教已久的教练，她讨厌看到滑冰运动员受伤，因为一些伤害不仅会毁掉他们的职业生涯，而且会对他们的生活造成长期影响。她说：“应力性骨折这样的伤

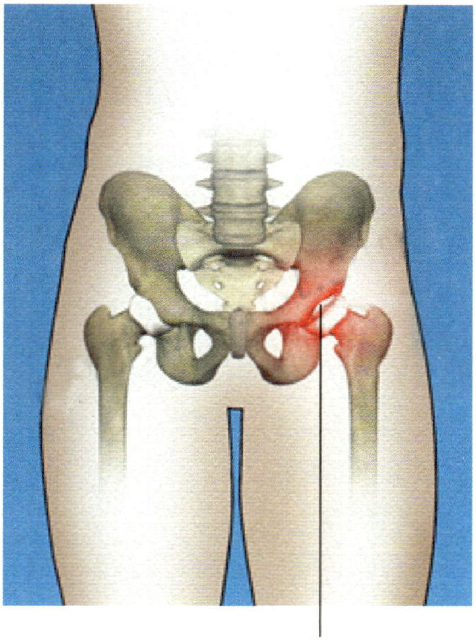

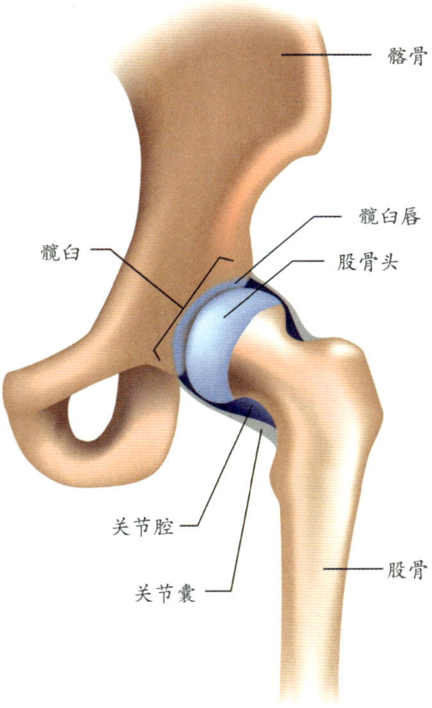

髋关节是由髋骨的髋臼和股骨的股骨头构成，属于球窝关节。髋臼周缘有由纤维软骨构成的髋臼唇。髋关节是维持人类动作不可或缺的重要关节之一

害通常是重复性冲击造成的。”当骨头一次次经受强大的压力而没有时间恢复时，就导致了应力性骨折。她补充道：“起跳和落地时产生的冲击力还有可能造成髋损伤，如髋臼唇撕裂，这已成为困扰高水平花样滑冰运动员的一个日益突出的问题。”

里奇博士之所以进入生物力学领域，就是“想让滑冰运动有趣又安全，并让它成为一项可以终身从事的运动”。很多滑冰运动员因为负伤，在30岁前就被迫终止运动生涯。

里奇博士说：“花样滑冰中的生物力学研究起来充满挑战。像冰球运动员、滑雪运动员，他们可以在身上佩带仪器来记录运动过程中身体所受的压力，但花样滑冰运动员不可以。”

“花样滑冰运动员移动迅速，在一片大的区域里做着大幅度的动作。”她说，“一丁点的附加重量（设备设计的关切点）都会改变花样滑冰运动员的感觉和表现。”在冰鞋上固定一个几斤重的设备会导致运动员在做三周半跳和高速旋转时完全失去平衡。“冰对设备也不利——电路和电线会被打湿。当我们对视频进行分析的时候，室内溜冰场的灯光也让分析变得困难。”

智能冰刀

直到最近，当计算机设备缩小到微型级别时，研究人员才得以开发出一种叫作“智能冰刀”的产品。智能冰刀是一种常规的滑冰鞋，但是鞋上增设了能够测量冲击力、压力和其他数据的设备。这种鞋足够轻，花样滑冰运动员可以在免受重型设备拖累的情况下完成常规动作。

之前，大多数的冲击力都是在实验室条件下测量出来的。但是，一个人在实验室里穿着冰鞋从一个盒子上跳下来时所受的力和在空中三周跳后着落于冰上所受的力是不一样的。

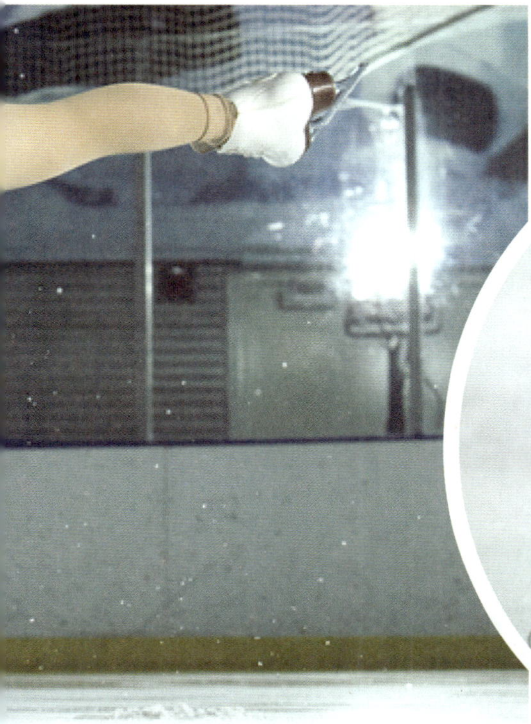

智能冰刀能利用应变仪来记录运动员在冰上时所受的力，测量冰刀的变形度（或者弯曲度）等。这些测量值能够帮助研究人员探寻新的滑冰技术和冰刀设计，改善滑冰鞋的结构。

研究人员想利用从智能冰刀上获取的信息来设计一种更好的冰鞋，它能够吸收冲击力，减少受伤。

研究人员和运动员一起观看从智能冰刀上获得的信息

"滑冰者要能利用他们的脚踝。"里奇博士表示，"落地时，如果脚踝的活动范围增大，可以让运动员受到的冲击力减小。但冰鞋往往会限制滑冰者脚踝的活动范围。"因此，随着智能冰刀实验研究的推进，可能会设计出改良版的冰鞋，能够在支撑脚踝的同时给它一定的弯曲空间。

里奇博士从智能冰刀提供的数据里看到了好的东西。她说："为了获得真实的冰上数据，我们真的经历了很长的过程，我希望能得到滑冰运动员做更多技巧性动作时的数据。"

赛跑运动员的跑鞋

“各就位，预备……”

2021 年 7 月，来自世界各地的数百名赛跑选手飞往日本东京，参加第 32 届奥林匹克运动会。那些在起跑线上准备就绪的选手们脑子里除了对胜利的渴望、对发令枪响的期待，别无他物。然而，对于某些旁观者来说，比赛是一场分析：如何运用科学知识来分析和提升赛跑者的表现？这些旁观者就是生物力学家，他们研究的领域就是运动生物力学。

生物力学家莎伦·迪克逊博士（Dr. Sharon Dixon）是英国埃克塞特大学（University of Exeter）生物力学研究小组的一员，她将自己和同事所做的工作描述为“专注于诸如跑步、网球、橄榄球和足球等领域的运动损伤的生物力学机制”。

当迪克逊博士看着起跑线上的运动员时，她不仅在为自己的团队加油，同时也在以专业的眼光看待跑道上发生的事情。

“……跑！”

发令枪响后，赛跑者会经历两个不同的阶段。在第一个阶段，也就是加速运动阶段，赛跑者身体前倾，利用脚和地面之间的摩擦力使双腿的受力方向与地面平行。

摩擦力是阻碍相互接触的两个物体做相对运动的力。轮胎接触地面时的抓地力也是一种摩擦力。物体表面越光滑，摩擦系数越小，所以光滑的冰面的摩擦系数较粗糙的路面小。

赛跑者需要推力来帮助他超越竞争者，摩擦力正是这样一种推力。为了抓牢地面，赛跑者的鞋底和跑道表面必须紧密贴合，这样才能产生足够大的摩擦力帮助他向前跑。赛跑者也可以自己施加向下的压力以产生摩擦力，但这样会消耗有限的体力。

这就是赛跑者的跑鞋上需要设计鞋钉的原因。鞋钉扎进地里，赛跑者就不需要自己给地面施压以产生摩擦力，这样节省的体力可以更好地给自己提速。

当赛跑者达到最快速度时，已无法保持身体前倾，而是挺直身体，这时就进入了第二个阶段——匀速

运动阶段，他将保持最快速度奔跑直至终点。

鞋钉以上的鞋体部分的设计是为了最大限度地提升速度、减少不适和损伤。鞋钉设在鞋外底，鞋外底很硬，主要是为了保持鞋形以及增大摩擦力。鞋外底之上是鞋中底，通常由泡沫塑料制作而成，可吸收蹬地时地面对人体的反作用力。再上是鞋内底，鞋内底与脚底接触，非常舒适。

鞋底以上的部分是鞋帮，跑鞋的鞋帮通常由布料制作而成，作为额外的刚性结构包裹并支撑脚。鞋帮的后面部分是鞋后跟，用来支撑脚后跟。脚后跟作为旋转关节，比脚上其他较硬的部分受力更多，更容易受伤。为加固脚后跟，鞋底还可放入楔形鞋垫，进一步吸收反作用力，改变脚蹬地的角度。

这两个阶段涉及的运动十分复杂，包括大量活动部位和动作，迪克逊博士的工作就是研究这些部位是如何移动的，然后她运用掌握的知识来帮助运动员更加高效地跑起来。

在电脑里再现动作

为了更好地了解赛跑者，科学家将所有部位和动作简化为模型。模型是一种用行为或表现相似的东西重现或模拟一个真实事件的方式。比如，老鼠因为身体机能与人类具有相似之处而被当作测试药性的模型。其他的模型有的存在于计算机程序中，有的被转化成了数学方程式。

制作人体运动模型最简单的方法就是从走路入手，因为走路的运动量有限，而且用力少。

最简单的人体行走模型就是倒立摆。倒立摆与普通的摆类似，不同的是，倒立摆的重量都集中在枢轴或折点处，这导致你必须不停地移动基座以保持平稳，就如同使铅笔在你的手指末端保持平衡一样。

数学建模则很简单：它只涉及重力之间的数量关系。当涉及人体四肢时，模型就变得复杂，每一个关节好比立在另一个关节上的倒立摆，利用这些倒立摆模型，可以将四肢可能发

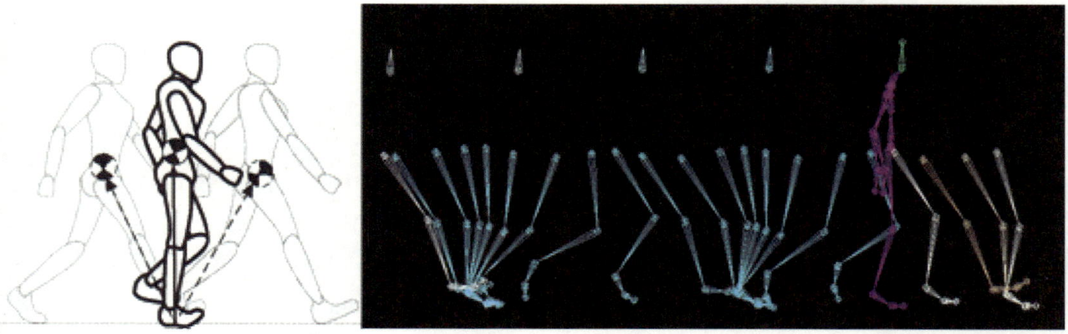

上图是模拟人类运动的倒立摆模型图。脚后跟周围的枢轴如倒立的钟摆一样摆动，不同之处是，一条腿一旦摆动起来，另一条腿就会回到原来的状态，成为下一个倒立摆（图片来源：Elhasairi & Pechev）

生的动作放大分析。

通过观察模型的受力情况，科学家可以分析出一个人在走路时施加在每一个关节上的力是多少，并计算出哪种方式的步行对模型来说是最高效的。由此，科学家就能得出人类行走的最佳方式。

在行走模型的基础上，我们可以为赛跑者创建一个更复杂的跑步模型。由于赛跑者的肌肉具有弹性，且脚会对地面产生压力，所以其双腿建模通常在计算机内完成，如同由非硬质材料制作而成的富有弹性的倒立摆。

模型的简约性有利有弊。模型越简单，其制作时间与成本越低，而能够反映赛道上实际情况的可能性也越小。比如，上述模型忽略了双臂在跑步中的作用。有测试显示，短跑运动员前进时有多达 10% 的动力来自双臂。而且，双臂在平衡中的作用也不可忽视。

然而，对任何模型、科学理论的真正考验不是它们有多复杂，而是它们有多切合实际。为此，科学家需要从观众席走向赛道。

捕捉每一瞬间

这就是迪克逊博士所做的事情。“在运动生物力学中，我们可以测量出运动员与地面相互作用的力。”她解释说，“也能监测运动员在跑步时关节的运动情况。我们可以利用这些信息对比赛跑者穿着不同的鞋、踩在不同的地面上、以不同的姿势跑步时的受力情况。”比如，迪克逊博士的工作重点是通过调整跑鞋的设计来减少脚的损伤，她可以测试出楔形鞋垫对反作用力的吸收效果，进而针对不同的地面（如草坪跑道与塑胶赛道）进行微调。通过这种方法，她已发明一系列满足赛跑者特定需求、降低损伤风险的特制鞋垫。

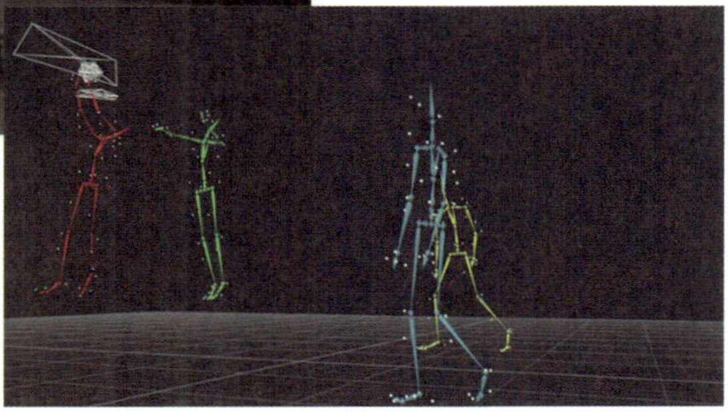

OptiTrack 动作捕捉和跟踪系统，除了用于电影制作，也被用来分析运动员的动作。右图为篮球场上上篮动作的捕捉截图（图片来源：OptiTrack 官网）

在被测试者身体关节位置打上标记，再用摄像机捕捉标记的移动信息。动态捕捉技术能够获得标记的运动轨迹，从而反推建立人体的 3D 移动模型（图片来源：OptiTrack 官网）

用于分析赛跑者跑步的方法有很多，比如录像分析法，这种方法可追溯到电影产生时期，当时一个叫麦布里奇（Muybridge）的摄影师已经可以通过设置一系列的置于固定位置的照相机将人行走时的步态一张张拍摄并记录下来。

现在，我们不仅可以利用摄像机的慢镜头和重播功能来分析运动员的跑步过程，而且好莱坞特效还为我们提供了另一种技术方法：动态捕捉技术。

动态捕捉技术需要在赛跑者的关节处打上一系列易于辨认的标记，然后给他录像，计算机利用摄像机识别这些标记并构建出一个 3D 模型，这个 3D 模型的移动模式与真正的赛跑者跑步时一模一样。《魔戒》（*The Lord of the Rings*）这部电影就采用了这种技术将安迪·瑟金斯（Andy Serkis）的表演转化到咕噜（Gollum）身上。

在实验室里，可用数学模型对这些 3D 图像进行测试，而且，“当与运动员一起跑步时，它们还能提供辅导训练以提升跑步表现。”迪克逊博士说，“它们的运动模式以及受力情况都能与其他运动员进行比较，或者说其辅导效果可以被测量出来。”

比如，通过分析专业运动员与业余赛跑者的数据，可以确定二者在跑步姿势上的差异。

脚与地的接触

迪克逊博士表示：“我们不仅研究如何让奥林匹克运动员跑得更快，也会将运动模式和受力情况与损伤风险联系在一起。”这是一项很重要的研究，因为据一些资料显示，多达 60% 的赛跑者曾在他们的职业生涯中受伤。

防止损伤的关键是要计算出关节和筋腱的受力情况。这里所说的受力

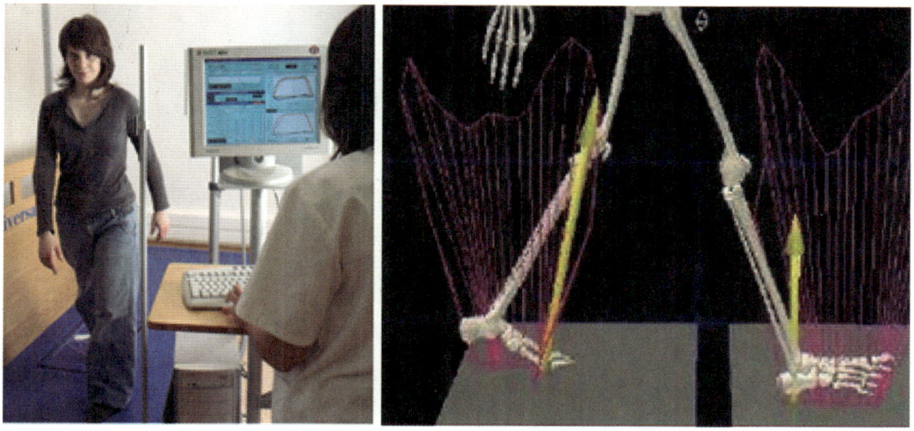

测力台示意图

情况并不是指关节的受力大小，而是指运动和压力是如何加大重力作用的。

有几种工具可用于测量受力情况，其中最常用的是测力台——一块底下放着测量赛跑者每次的蹬地力的设备。当赛跑者在测力台上移动时，计算机收集作用于地面的力的数据，由此，科学家就可以计算出赛跑者的关节向下施加了多大的压力。

从实验室走向赛道

迪克逊博士的工作基本都是关于如何设计跑鞋来帮助赛跑者，她说："很多运动员已从个性化跑鞋中受益。"比如，2012 年伦敦奥林匹克运动会上那些亮绿色的耐克跑鞋就是利用迪克逊博士等科学家得出的数据设计出来的。

迪克逊博士指出："这些年来，跑鞋已经发生了天翻地覆的变化。在过去的 40 年里，我们对跑步模式、损伤风险、不同的跑鞋材料和鞋形的认识有了极大的提升。这都是生物力学及相关科学带来的福利。技术正在飞速发展，近来的技术进展已加大了为所有人定制跑鞋的可能性。"她满怀希冀，希望我们都能受益。

所以，当你看着奥运赛场上那些赛跑选手的时候，请记得选手背后那支由数学家、计算机程序员以及科学研究员组成的团队，他们收集数据，研究新技术，让赛跑变得更加激烈。

耐克"Volt"跑鞋系列，首次出现在 2012 年伦敦奥林匹克 100 米比赛运动场。对比右边的旧款跑鞋，这些新跑鞋更加贴合脚形，可以更好地支撑脚的结构，网孔区是透气用的，有利于汗液蒸发，增厚的鞋后跟可以更好地保护脚跟，减少地面的反弹力的冲击。此外，在抓地力相同的情况下，新跑鞋的鞋钉更短、更多，不会有折断或嵌入土里的风险

自行车赛中的“杀手锏”

运动员在 1984 年奥运会田径自行车赛和 1989 年环法自行车赛的决赛胜利很大程度上要归功于科技。而近年来，科技在自行车比赛中越来越重要。参赛者和他们的团队明白拥有创新技术的重要性：能否拥有创新技术，意味着能否取得胜利。

进行自行车比赛时，空气阻力始终存在。国际自行车联盟（Union Cycliste Internationale，简称 UCI）管理着世界范围内的自行车赛事，包括奥运会。联盟不允许骑行者在自行车上增加任何装置来减少空气阻力。因此，骑行者及其团队只能寻找其他途径。在测试骑行者的气动效率方面，风洞是一种宝贵的工具。当气流流经骑行者时，利用风洞可以测出阻力系数。骑行者的目标是尽可能地减少阻力。减少阻力可以加快选手的行进速度。

科学的骑行姿势

自行车并不是引起阻力的唯一原因。研究表明，大约 1/3 的阻力是由自行车引起的，而有 2/3 的阻力是骑行者自身的原因造成的。减少骑行者阻力的最佳途径是优化骑车姿势。骑行者需要低伏，在自行车上形成流线型的姿势。为保证身体呈流线型，骑行者不得不向手部方向尽可能地低头。在风洞中，保持这种姿势可以减少 200 牛以上的阻力。此外，骑行者后背脊柱的中间位置应有轻微的弯曲，这样有助于空气流动，降低阻力系数。

欧伯利的团身姿势

欧伯利的超人姿势

多年以来，骑行者已经尝试了很多种骑车姿势。苏格兰骑行者格拉尔米·欧伯利（Graeme Obree）决定采用滑雪运动员使用的团身姿势。他将自行车的把手设计为直柄，并设置在离车座很近的地方。骑自行车时，把手就在其胸部下方。他弯曲肘部，将胳膊盘进身体两侧，就像滑雪一样。这种姿势看起来很奇怪，但是很有效果。1993 年，欧伯利采用这种姿势创造了一项新的世界纪录。

不幸的是，UCI 随后禁止使用这种骑车姿势。但是，欧伯利并没有灰心，他又创造了一种名为“超人”的骑车姿势。这种骑车姿势，要将双臂向前方伸展开来。可是，UCI 再一次下了禁令。不过，在 2014 年 5 月，UCI 改变主意了。现在，欧伯利创造的纪录得到了认可。在苏格兰博物馆，你可以看到展出的他的自行车。

新材料的介入

影响阻力的因素不止骑车姿势一项，使用的装备也有一定的影响。美国骑行者格里格·莱蒙德（Greg LeMond）介绍了几种职业自行车运动中的先进技术，包括流线型把手。这些技术通过将手臂位置变窄来减少空气阻力。此外，他还优化了蹬车技术，以减少能量损失。莱蒙德也是发明碳纤维车架的先驱。他在 1986 年的环法自行车赛中第一次使用碳纤维车架并赢得了胜利。

使用碳纤维有很多好处。碳纤维属于轻质、耐腐蚀且强度大的材料，几乎可以被塑造成任何形状。如果需要微调自行车，碳纤维是车架的理想选择。但它也有一些弊端。比如，抗冲击性较差、容易损坏，而且价格昂贵。但总的来说，碳纤维的利大于弊，因此碳纤维成为 21 世纪自行车材料的理想选择。

添加赛车的基因

2011 年，自行车创新开辟了一个新的方向。自行车制造商美国加州闪电公司与一级方程式赛车团队迈凯伦合作，设计并制造了名为“Venge”的传奇品牌自行车。厂家要求迈凯伦的设计师在不失自行车刚度的同时减轻车架重量。为达到这个目标，迈凯伦采用在汽车上使用的数据驱动的方法针对自行车开发了一套新的设计工具。该工具基于自行车动力学，从自行车、骑行者重量到轮胎技术等多个方面进行了探索。

探索的结果是诞生了“S-Works Mclaren Venge”，它的车架比一般车架轻 20%，底部支架的牢固性提高了 11%。骑着“Venge”，马特·高斯（Matt Goss）在 2011 年赢得了第一次胜利。随后胜利接踵而至，马克·卡文迪什（Mark Cavendish）在环法自行车赛中拿下了梦寐以求的绿衫。同年，卡文迪什成为英国继汤姆·辛普森（Tom Simpson）在 1965 年赢得 UCI 自行车赛世界冠军之后第二个世界冠军。

竞争对手在市场上发布自身创新产品的速度也很快。“Trek Madone”和“Scott Foil”是最早的流线型公路自行车，设计的核心是集成系统。作为回击，闪电的下一个设计是“S-Works Venge VIAS”。公司称，这将是有史以来最快的自行车。其设计的目的是提高效率。自行车上没有任何多余的部分

S-Works Mclaren Venge

制造额外的阻力。制动拉索和“Dura-Ace”[禧玛诺（Shimano）公司生产的公路自行车套件]电线全部内置，且制动钳使前轮叉和竖梁构成一个整体，可以巧妙地避风。每一个组件的设计都考虑到了空气动力学。卡文迪什也于 2015 年赢得了环法自行车赛第 7 赛段的冠军。

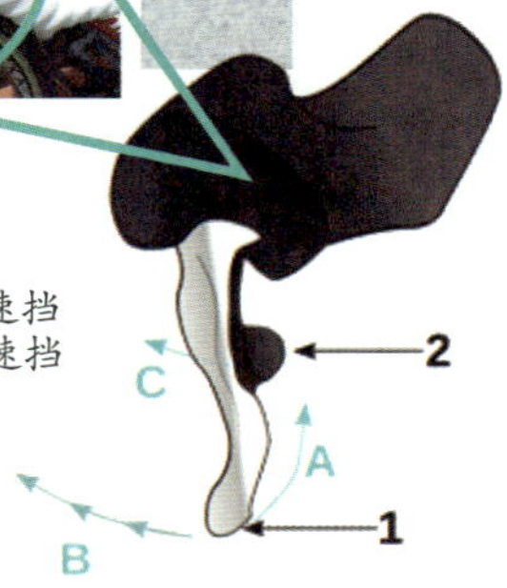

1. 主控制杆
A. 拉动主控制杆刹车
B. 拉动主控制杆调低速挡
C. 拉动主控制杆换高速挡
2. 分离杆

禧玛诺推出的双重控制杆

运动的人体工学

空气动力学创新的另一领域是集成刹车和齿轮系统。1990 年以前，变速杆安装在自行车车架中管。为了换挡，骑行者不得不将手从车把处移到变速杆处，此时，骑行者的稳定性不可避免地会有所降低。

自从禧玛诺在 1990 年推出禧玛诺一体化（STI）系统后，所有这一切都变了。禧玛诺的创新设计改变了人们骑自行车的方式。禧玛诺推出了新的变速杆并在骑行者通常放手的地方重新设计了刹车罩。2003 年，禧玛诺推出了双重控制杆，使用同一根杆进行制动和变速。新设计允许对自行车进行快速精确的变速，而骑行者无需将手从车把处移开。

集成系统有许多优势。它有利于选手根据期望的行进节奏频繁地换挡，这在比赛中特别有用。在蹬车和加速时，骑行者可以换高速挡，并在加速中保持直行；在靠近十字

速联的 Red eTap 无线动力传动系统

路口或斜坡时调低速挡。迅速换挡的能力可以让骑行者保持良好的节奏，因此骑起来也会更快、更轻松。当然，该系统也有缺点，比如系统部件较多、换挡器比较贵而且可靠性较差，总的来说，换挡器的维护费用高昂等缺点远大于其明显的性能优势。

无线动力传动系统

2015 年，一个新的系统——速联（SRAM）公司的 Red eTap 无线动力传动系统诞生了。通过换挡器和传动装置之间的无线通信，自行车开始步入无线电子变速时代。该系统操作非常简单。单按左手变速拨杆，可以控制后拨往左侧拨动链条，进行降挡变速；单按右手变速拨杆，可以控制后拨往右侧拨动链条，进行升挡变速；同时按下两个按钮，可以控制前拨升挡或降挡。

前置和后置变速器应用直装型电池，通过一组小卫星切换按钮（被称为“光点”）实现与换挡器的无线传达。它们可以与变速杆或流线型变速模块相连接，并置于车把的任何地方，作为系统的一部分。

长期以来，电子动力传动系统相比于机械系统的优势已在比赛中得到了证明。前者解决了骑行者为了换挡需要移动手的问题，即使在骑行者没有做好准备、没有经验或感觉疲惫的情况下，换挡依然快速而准确。此外，它还有一些性能优势。电子设备表面是光滑的，这就减少了其对系统组件的冲击，且自动调节功能可以避免链条摩擦。

电子动力传动系统已经是高功能组件了，无线动力传动系统会更好吗？从装配自行车的角度来看，的确是，无线系统没有外部配线且数据硬件和电源全部内置。从空气动力学的角度来看，该系统略轻，而且耗能很小。速联公司的成功无疑会促使它势均力敌的竞争对手——禧玛诺和 Campagnolo 推出新一代的换挡方式。

骑行服的气体力学

对骑行者服装方面的气体动力学进行研究，同样可以提高骑行效率。骑行者通过使用纤维织物控制身体周围的气流来减小阻力。田径运动中的骑行者和公路计时赛的选手都穿着连体的、合身的衣服，即骑行服。骑行服是为紧固身体而设计的，但是也不至于紧到阻碍血液流动。这种服装能降低风的阻力，使身体感觉很舒适，骑行者能最大限度地自由运动。以往公路骑行者和山地骑行者都是穿着传统的运动衫和运动裤。最近，一个团队正在研究流线型运动服。这种衣服的接缝位于身体后部，面料由不同纹理、多个种类的纺织品做成，手臂上的网格有助于减少风的阻力。

自行车运动员的服装：骑行服套装和流线型头盔

骑行者运动鞋的设计是为了优化能量转移。自行车运动鞋的特点是坚硬、不易弯，这能将骑行者的能量集中到踏板上。在自行车领域，对于双脚固定在踏板上的考虑一直在不断改进，因为当一条腿推动踏板装置时，另一条腿需要做上拉动作。公路和山地骑行者使用卡式踏板，这种踏板的流线型比传统踏板更典型。在田径自行车赛中，骑行者的脚应保持与踏板接触，不能意外脱离。骑行者可以使用踏板系统，这种系统包括一个标准的踏板和两组带子。带子置于骑行者的脚上，拉紧后确保脚与踏板接触。

空气动力学也影响骑行者头部装置的设计。莱蒙德戴着一种箭头状的头盔参加环法自行车赛的时候，自行车头盔第一次引起了人们的注意。从那以后，头盔的设计就改变了，因为制造商对空气动力学的认识提高了。在设计过程中，安全是一个关键因素。UCI 声明，比赛使用的头盔必须能保护骑行者的头部。因此，流线型头盔不得已融入了笨重的发泡聚苯乙烯（泡沫塑料的一种）作为内核。为了将气动效率最大化，在设计过程中再一次进行了风洞实验，这一次是为了测试骑行者头部装置的阻力系数。

美国运动员亚当·布利克尼（Adam Bleakney），曾参加2000年、2004年、2008年和2012年残奥会

残奥会的科技装备

亚当·布利克尼不能走路，更别提跑了。然而他却在马拉松和其他比赛中赢得了奖牌。

布利克尼是数千名残疾运动员中的一员。他参加了2004年在希腊雅典举办的第12届残奥会，并在800米田径赛中获得了一枚银牌。他目前在美国伊利诺伊州立大学香槟分校训练其他运动员。

所有这一切，他都是坐在轮椅上完成的。

和奥运会一样，残奥会聚集了来自世界各地的顶尖运动员。与奥运会相比，残奥会最大的区别在于运动员

都有不同程度的残疾。第 16 届残奥会于 2021 年 8—9 月在日本东京举行，有游泳、乒乓球、击剑等 20 多个体育项目的比赛。

就像布利克尼要借助轮椅一样，残奥会的大部分运动员要借助自适应技术（或者叫作“辅助技术”）完成比赛。这种技术主要是利用装置和设备来帮助残疾人，使他们能完成原来很难甚至不可能完成的任务。使用这项技术，有助于运动员在比赛中发挥出最好水平。

田径场上

就像健全人在不同的运动项目中使用不同的体育设备一样，残奥会上使用的辅助技术也各不相同。举个例子，健全人在跑步、登山、打棒球时所穿的鞋就不一样，同样，在残奥会上也要根据运动项目和运动员的伤残情况来确定使用哪种辅助技术。例如，一个失去了胳膊或腿部的人可能会使用义肢。义肢替代了这个人缺失的部分。而且，运动员的义肢通常都是特别设计的，比如截肢短跑运动员在残奥会上使用的刀锋式跑步义肢，它不是普通的人工腿和脚，它的形状是弯曲的，没有脚跟。这种形状让它像弹簧一样，可以模仿一个奥运选手冲刺时的状态（选手冲刺时脚跟是不会着地的）。

奥托博克（Ottobock）公司的碳纤维跑步假肢（图片来源：Ottobock）

运动员使用“Top End Eliminator OSR”轮椅赛车进行轮椅竞速（图片来源：Top End）

在残奥会上，不同的比赛项目要使用不同的跑步义肢。“在不同的比赛项目中，我们提供的跑步义肢的形状是不一样的。”奥索公司驻英国办事处的理查德·海伦斯解释道。这家公司专门为残疾运动员和其他残疾人制造义肢装置。

用于残奥会体育项目的轮椅不同于普通的轮椅。“普通的轮椅是为了满足人们日常生活的需求。”布利克尼说道。普通轮椅是为了帮助残疾人克服障碍，去他们想去的地方。这种轮椅的占地面积比较小，从而可以通过较窄的地方。而且容易控制，便于转弯。它的高度正好是人们坐在桌子旁时感到比较舒适的高度。同时，它还具有舒适性、轻便性和稳定性。

“但在竞速轮椅上，运动员除了可以推动轮椅，不能做任何事情。”布利克尼说，“它只能用于快速前进。”布利克尼的竞速轮椅大约2米长，但他却不能把双腿伸直，只能蹲坐在脚上。

“这样很不舒服。但是这种设计的目的就是让你把肩膀放在与车轴相对的位置上，从而产生最大的推动力。”布利克尼解释道。换句话说，这样你身体的力量就集中在一处，从而可以跑得更快。竞速轮椅的手环半径比普通轮椅的大，这样运动员就会摇出更大的弧度。

学会使用这种轮椅真的很难。“开始时我无论怎样也掌握不了让它直线前进的方法。”布利克尼强调，“因为我要注意自己的重心位置，不停地进行细微的调整。”

“Top End Eliminator OSR”轮椅赛车，以优良的稳定性和空气动力学著称（图片来源：Top End）

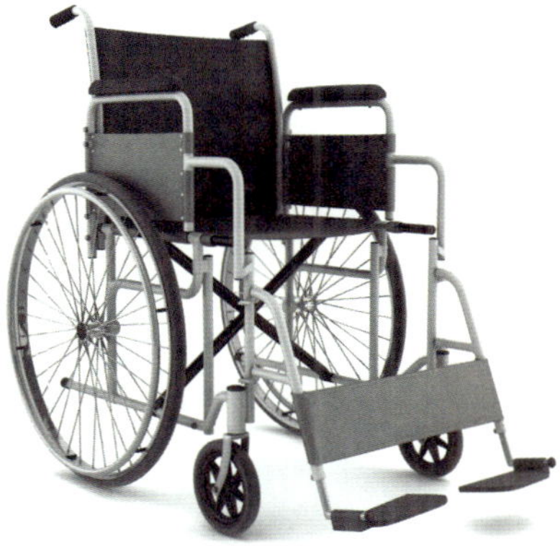

普通轮椅 vs. 竞速轮椅

篮球轮椅和坐着的“冰鞋”

“学会使用篮球轮椅需要两到三个月的时间。”薛亮在报告中写道。薛亮是中国国家体育总局残疾人轮椅篮球项目的负责人，也是中国女子轮椅篮球队的负责人。

篮球轮椅前面有一个强有力的保险杠，后面有一个防倾倒轮，下面是由一根超长轴连接着的两个倾斜的车轮。轮椅上没有车轮制动器，不能像普通轮椅一样折叠，但比普通轮椅更结实、轻便。

“所有的设计都是为了能更好地操控轮椅，这样更适合用在进攻性的

比赛中。”薛亮说道。同时，为了保护球员、保证公平，还规定了轮椅的坐垫高度和靠背高度。

雪橇冰球运动员戴着头盔、面罩、垫肩、冰球手套等护具在冰上比赛。但是，他们是坐在一个特殊的雪橇上的，而不是像健全的运动员那样穿着溜冰鞋。

雪橇冰球运动员不使用轮椅，甚至也不穿溜冰鞋。他们使用的是特殊的雪橇！并且使用两根短的冰球棍，而不是一根长的。冰球棍微微弯曲的一端用来推球，另一端有一个金属镐，这个镐能够抓住冰面，让球员随意移动和掌控自己的位置。这个镐也能帮助雪橇停下来。根据物理学定律，如果不借助外力，运动的雪橇会停不下来。

物理学也解释了为什么一些残疾运动员会借助特殊框架扔标枪、铅球、铁饼。当运动员向前投掷物体时，会受到一个大小相等、方向相反的作用力，健全的运动员很容

易克服这种反作用力，而残疾运动员却可能摔倒，框架刚好可以使运动员保持身体平衡。对这些运动员来说，有了框架，他们的活动范围也比在普通轮椅上更大了。

保持划艇漂浮

在残奥会赛艇比赛中，保持平衡也是至关重要的。“比赛中，你最不希望发生的事就是赛艇翻了。”特里·奥尼尔说。他是前奥运会赛艇教练，目前在英国划艇运动公司工作。该公司为健全运动员和残疾运动员制造划艇和其他设备。

“赛艇的船体很窄。”奥尼尔解释道，“任何运动失衡都会导致翻船。”划船时需要很多肢体动作！健全运动员可以通过转动身体或移动腿部来使赛艇保持平衡。而残疾运动员却做不到这一点。为了弥补这个缺陷，残奥会比赛用的赛艇会绑上浮板或浮筒。这样，运动员在比赛时，翻船的情况就不会轻易发生了。这种赛艇还有很多特殊功能，这里就不一一列举了。

“我最喜欢赛艇的座位。如果没有它，我不可能参加比赛。”黄成说。他在2012年的伦敦残奥会上赢得了赛艇比赛的一枚金牌。这种座椅的高靠背支撑着运动员的背部。赛艇运动员也用松紧带和座椅安全带把自己牢牢地固定在座位上并保持平衡。

黄成花了大约一个月的时间来学习如何使用专用赛艇和设备，他认为设计还可以更加完美：“我希望未来的座位和肩带更舒适，能量身定做。现在最大的问题是，肩带会擦伤我的皮肤。”

（左）残疾人冰球比赛使用雪橇作为工具；（下）残疾人赛艇比赛中为了让选手保持平衡，赛艇上绑有浮板或浮筒

无臂射手马特·斯塔兹曼（Matt Stutzman）2012 年参加伦敦夏季残奥会男子个人复合弓公开级射箭比赛（图片来源：teamusa.org）

罗曼·佩图什科夫（Roman Petushkov）2014 年参加索契冬季残奥会 15 公里坐式越野滑雪比赛

奥尼尔承认这的确是个问题。当运动员划船时，肩带通过运动员的衬衫摩擦皮肤。奥尼尔公司的设计人员希望在不久的将来能解决这个问题。不过，总的来说，黄成还是很喜欢它的设计的，并对赛艇能够帮助他出色完成比赛表示由衷的赞赏。

“辅助技术帮助我参加赛艇比赛，并使我全身心地享受这项运动。”黄成说。的确，让运动员参加比赛并且取得好成绩，是所有辅助技术的最终目标。

一切为了运动“自理”

即使有了辅助技术，在残奥会上完成一项体育运动的力量也必须来自运动员自身。运动员必须利用自己肌肉的力量来推动轮椅、划动船只、进行篮球比赛等。

然而，世界上还有许多有更严重残疾的人。为了使这些人也有机会参与比赛，在 2016 年 10 月，另一个国际比赛在瑞士举行，这就是“神经机械义肢运动会”。来自 21 个国家的队伍在 6 个比赛项目中角逐。每个国家的队伍都由工程师和残疾运动员组成。工程师们正致力于改进动力装置的设计，以帮助运动员完成诸如上下楼梯、移动双腿来推动坐式自行车之类的动作。残疾人运动员将在比赛中操控这些装置。

“这样做的目的并不是让他们成为最快最强的人，”苏黎世联邦理工大学瑞士联邦技术学院的工程师罗伯特·克莱因强调，“而是为了利用最新技术帮助运动员战胜残疾。”

理想的状况是，比赛加快了新设备的推广，使更多的残疾人受益，同时提高了人们对辅助技术的认识。毕竟，残疾人能做的事情越多，生活就会越舒适！